Heinrich Ludwig Bose

Das forstliche Weiserprozent

Heinrich Ludwig Bose

Das forstliche Weiserprozent

ISBN/EAN: 9783743412552

Hergestellt in Europa, USA, Kanada, Australien, Japan

Cover: Foto ©Andreas Hilbeck / pixelio.de

Manufactured and distributed by brebook publishing software (www.brebook.com)

Heinrich Ludwig Bose

Das forstliche Weiserprozent

Das forstliche
Weiserprozent

von

Heinrich Ludwig Bose,

Großherzoglich hessischem Oberforstdirektor i. P.

Berlin.
Verlag von Paul Parey.
Verlagsbuchhandlung für Landwirtschaft, Gartenbau und Forstwesen.
1889.

Vorwort.

Das sogenannte Weiserprozent wird bekanntlich neuerdings zur Begründung der forstlichen Finanzrechnung besonders hervorgehoben. Da dasselbe jedoch in der Weise, wie es von den Bodenreinerträglern dargestellt wird, weiter nichts ist, als eine in algebraische Formeln eingehüllte Variation der Theorie, welche die Waldungen in den Umtriebszeiten der höchsten Bodenerwartungswerte bewirtschaftet haben will, und da durch dasselbe der wahre Sachverhalt dieser Theorie verschleiert wird, so habe ich versucht, genanntes Weiserprozent in den nachstehenden Blättern näher zu erörtern und auf seine praktische Anwendbarkeit zu prüfen.

Veranlaßt wurde ich hierzu auch noch durch die gemachte Erfahrung, daß namentlich viele unserer älteren Praktiker durchaus im Unklaren darüber sind, was das Weiserprozent eigentlich sei und was es zu bedeuten habe.

Recht gut sehe ich ein, daß meine Darstellung, welche die gänzliche Unbrauchbarkeit der Bodenreinertrags- und Weiserprozent-Theorie zur Regelung der Wirtschaft in unseren größeren nachhaltigen Waldungen zu beweisen sucht, und meiner Ansicht nach auch bewiesen hat, heftigen Widerspruch erfahren wird, weil sie sich erkühnt, gegen eine Anschauung Front zu machen, welche nun schon über 30 Jahre lang zur förmlichen Modesache geworden ist und die forstliche Litteratur fast vollständig beherrscht hat, ohne daß es ihr gelungen wäre, die Staats-Forstverwaltungen des deutschen Reiches, Sachsen ausgenommen, zu veranlassen, dieselbe in die Praxis überzuführen.

Auch in den Staatswaldungen des Königreichs Sachsen soll diese Überführung nur in beschränktem Maße stattgefunden haben, und es wird behauptet, ob mit Recht oder Unrecht, will ich dahingestellt sein lassen, daß man daselbst neuerdings beginne, von den Umtriebszeiten der größten Bodenerwartungswerte wieder abzugehen.

Darmstadt, den 31. Oktober 1889.

Der Verfasser.

Inhalt.

I. Kap. Erläuterungen über die Berechnung der Ertragstafeln I, II und III.

Seite
- § 1. Allgemeine Vorbemerkung 1
- § 2. Ertragstafel I nach Judeich 1
- § 3. Ertragstafel II nach Pöpel 5
- § 4. Ertragstafel III nach Schwappach 5

II. Kap. Das forstliche Weiserprozent.

- A. Begriff und Einleitung 12
  - § 5. 12
- B. Das Weiserprozent des aussetzenden Betriebes 13
  - § 6. Die Theorie Judeichs über das Weiserprozent 13
  - § 7. Weiserprozent des aussetzenden Betriebes nach der Ansicht des Verfassers 17
  - § 8. Weiserprozente des aussetzenden Betriebes der Ertragstafel II, nach der oben erwähnten Judeichschen Formel II berechnet 19
  - § 9. Weiserprozente des aussetzenden Betriebes der Pöpelschen Ertragstafel, nach der Methode von Kraft berechnet 19
  - § 10. Weiserprozente des aussetzenden Betriebes nach Gustav Heyer 21
    - a) Laufend jährliche Verzinsung des Produktionsaufwandes 23
    - b) Durchschnittlich jährliche Verzinsung des Produktionsaufwandes. 27
  - § 11. Weiserprozent des aussetzenden Betriebes nach Preßler 29
  - § 12. Weiserprozente des aussetzenden Betriebes nach der Schwappachschen Ertragstafel 30
  - § 13. Allgemeine Betrachtungen über die Weiserprozente des aussetzenden Betriebes 30
- C. Weiserprozente des nachhaltigen Betriebes 39
  - § 14. Allgemeine Grundsätze, nach welchen die Weiserprozente des nachhaltigen Betriebes zu berechnen sind 39
  - § 15. Berechnung der Weiserprozente des nachhaltigen Betriebes und deren Vergleichung mit den Weiserprozenten des aussetzenden Betriebes, unter Annahme der gegenwärtigen Gebrauchswerte der Holzbestände und der Maxima der Bodenerwartungswerte 47
  - § 16. Weiserprozente des nachhaltigen Betriebes unter Anwendung der Gebrauchswerte der Holzbestände und verschiedener Bodenwerte 52
  - § 17. Weiserprozente des nachhaltigen Betriebes unter Anwendung der mutmaßlich gegenwärtigen Geldwerte — Tauschwerte — der Holzbestände und verschiedener Bodenwerte 57
  - § 18. Schlußbemerkung 62

Erstes Kapitel.
Erläuterungen über die Berechnung der Ertragstafeln I, II und III.

§ 1.
Allgemeine Vorbemerkung.

Um die Tragweite und praktische Anwendbarkeit der vielen in der forstlichen Statik eingeführten algebraischen Formeln beurteilen zu können, ist es meiner Ansicht nach durchaus nötig, dieselben an der Natur entnommenen Zahlenbeispielen zu prüfen und zu erörtern. Man wird dann finden, daß gar manche Formel, die vollständig logisch entwickelt ist, zu geradezu widersinnigen Resultaten führt. Ich erinnere hier nur an die G. Heyersche Formel über den Unternehmergewinn, welchen ich im Februarhefte des Baurschen Centralblattes von 1889, S. 73 2c., ausführlich geschildert und begutachtet habe. In dem nachfolgenden § 14 habe ich die G. Heyersche Theorie hierüber kurz entwickelt. Die verschiedenen über das sogenannte Weiserprozent aufgestellten Theorieen habe ich in den nachfolgenden Blättern nicht allein streng mathematisch entwickelt, sondern auch durch viele, recht mühsame Berechnungen erfordernde Tabellen anschaulich zu machen gesucht, welche ich an die am Schlusse dieses Kapitels abgedruckten 3 Ertragstafeln angeknüpft habe, deren Zusammenstellung und Berechnung vor allem einer genauen Erörterung bedarf.

§ 2.
Ertragstafel I nach Judeich.

Diese Tafel, welche die Erträge eines 1 ha großen Fichtenbestands angiebt, wurde nach der von Judeich (Forsteinrichtung, 4. Aufl., S. 64) gegebenen Wertertragstafel teils zusammengestellt und teils berechnet.

Die Spalten a, b und c sind der Judeichschen Tafel entnommen. Zum Zwecke der Normalmaterialvorrats-Berechnung wurde die Spalte d, Summe der Altersstufen des Hauptbestands, von mir eingefügt. Die

2 Erstes Kapitel. Erläuterungen über die Berechnung der Ertragstafeln I, II u. III.

selbe enthält die Summen der Beträge in Spalte b bis einschließlich der in Spalte a eingetragenen Holzalter.

Die Berechnung der Normalvorräte geschah nach der Vorschrift Preßlers auf S. 196, dessen holzwirtschaftlicher Tafeln, welche ich hier wörtlich wiedergeben will. Man vergleiche auch meine Beiträge zur Waldwertberechnung, S. 26, und Judeich, Forsteinrichtung, S. 105.

„Wenn man in einer von n zu n Jahren springenden Ertragstafel die, den einzelnen Jahren zugehörigen Bestandsmassen (Bestandswerte) nach arithmetischer Reihe erster Ordnung einschaltet, so wird man, wenn n nicht zu groß, etwa $= 10$ Jahre ist, der Wahrheit wenig zu nahe treten, und in diesem Falle hat man nach den Gesetzen der arithmetischen Reihen:

Alter	Massen	Massen (Werte) der Altersstufen	
0	0	von 0 bis ausschließlich	$a = (0+a)\dfrac{n+1}{2} - a$
n	a	„ a „ „	$b = (a+b)\dfrac{n+1}{2} - b$
2n	b	„ b „ „	$c = (b+c)\dfrac{n+1}{2} - c$
3n	c	„ c bis einschließlich	$d = (c+d)\dfrac{n+1}{2} - 0$
4n	d		

$$\text{Summe } \dfrac{n+1}{2}(2a+2b+2c+d) - (a+b+c) = NV$$

$$= (n+1)\left(a+b+c+\dfrac{d}{2}\right) - (a+b+c) = NV$$

$$n\left(a+b+c+\dfrac{d}{2}\right) + \dfrac{d}{2} = NV.$$

Diese Formel enthält mithin den Holzgehalt des ältesten Jahresschlags. Bringt man den ältesten Jahresschlag d, welcher das Abtriebsalter schon erreicht hat, in Abzug, so erhält man die Formel:

$$NV = n\left(a+b+c+\dfrac{d}{2}\right) - \dfrac{d}{2},$$

und durch diese den richtigen Normalmaterialvorrat im Frühjahre nach dem Abtriebe des ältesten Jahresschlags. Scheidet man das in der Klammer stehende $\dfrac{d}{2}$ aus dieser aus, so erhält man:

$$NV = n(a+b+c) + d\left(\dfrac{n-1}{2}\right),$$

welcher Ausdruck für die Rechnung am bequemsten ist.

§ 2. Ertragstafel I nach Judeich. 3

Daß nur der Materialvorrat, welcher im Frühjahre nach dem Abtriebe des ältesten Jahresschlags auf den 0 bis (u — 1) Jahre alten Schlägen vorhanden ist, als der in dem Walde angelegte Zinsen tragende NV angesehen werden könne, habe ich schon auf den S. 24 und 25 meiner Beiträge zur Waldwertberechnung ausführlich erörtert. Daselbst habe ich S. 25 folgendes gesagt:

„Ein zu 4 % ausgeliehenes Kapital von 100 fl. wächst im Laufe des Jahres zu 104 fl. an, und wird am Ende des Jahres durch Zahlung der Zinsen von seiten des Schuldners wieder auf den ursprünglichen Stand von 100 fl. zurückgebracht, um im Laufe des zweiten Jahres wieder auf 104 fl. anzuwachsen und in gleicher Weise auf den anfänglichen Stand vermindert zu werden.

Es wird in diesem Falle wohl niemand zweifelhaft darüber sein, daß das zinsentragende Kapital nur 100 fl. und nicht 104 fl. betrage. Ganz das nämliche Verhältnis findet aber bei dem Materialvorrate statt. Das Minimum desselben vermehrt sich vom Frühjahr bis zum Herbst um den Abtriebsertrag des ältesten Jahresschlags und wird im Winter durch die Zinszahlung, d. h. durch die Ernte der auf dem ältesten Schlage vorhandenen Holzmasse wieder auf den Stand zu Anfang des Jahres zurückgebracht. Es kann mithin auch nur dieses Minimum des Normalvorrats als das im Walde angelegte Holzkapital angesehen werden."

Ich weiß nicht, ob diese Ansicht schon vor dem Erscheinen meiner Beiträge im Jahre 1863 zur Geltung gekommen ist. In den neueren Schriften über Waldwertberechnung wird dieselbe jedoch allgemein als die richtige angenommen.

Da in der Judeichschen Tafel die Werte des Hauptbestands erst mit dem 15. Jahre beginnen, so habe ich dem entsprechend bei Berechnung der NV auch die jüngeren Altersklassen unberücksichtigt gelassen, namentlich auch, weil der Betrag derselben so gering ist, daß man ihn füglich vernachlässigen darf. Um z. B. den NV einer normalen Betriebsklasse von 100 ha, welche in der Umtriebszeit von 100 Jahren bewirtschaftet wird, zu berechnen, verfährt man folgendermaßen:

Der bei dem Alter 100 stehende Wert des Hauptbestands in Spalte b = 3780 entspricht dem Buchstaben d in unserer Formel und die in Spalte d bei dem Alter 95 stehende Summe der Altersstufen vom 15. bis zum einschließlich 95. Jahre entspricht der Summe (a + b + c) der Formel. Hiernach ist, da n = 5, $NV = 5 \times 18829{,}6 + 3780 \left(\dfrac{5-1}{2}\right)$

= 101708,0. Dieser Betrag entspricht dem NV einer normalen Betriebsklasse von 100 ha.

Daher NV pro Hektar = $\frac{101\,708}{100}$ = 1017,08 Gulden à 100 Kreuzern.

Diese Normalvorräte im ganzen und pro Hektar sind in den Spalten f und g eingetragen.

Da die Judeich'sche Tafel die nachhaltigen Walderträge der normalen Betriebsklassen nicht enthält, so habe ich die Spalte e eingefügt. Summe der Vorerträge bis einschließlich zu den in Spalte a angegebenen Holzaltern.

Der nachhaltige jährliche Rohertrag einer normalen Betriebsklasse ist bekanntlich gleich dem Abtriebsertrage des ältesten Jahresschlags plus der Summe aller bis dahin aus diesem Schlage bezogenen Durchforstungen. Diese Beträge sind in Spalte h eingetragen. Der nachhaltige Rohertrag einer im 100jährigen Umtriebe bewirtschafteten normalen Betriebsklasse ist mithin:

Abtriebsertrag des Schlages . . . . = 3780,0
Summe der Durchforstungen (Spalte e) = 294,9
Summe = 4074,9

Daher pro Hektar der ganzen Klasse = $\frac{4074,9}{100}$ = 40,75, welche Beträge in Spalte i eingetragen sind.

Der Normalvorrat einer Betriebsklasse von 100 ha in 100jähriger Umtriebszeit beträgt pro Hektar 1017,08 (Spalte g). Der Rohertrag dieser Klasse pro Hektar beträgt 40,75 (Spalte i).

Der Waldrohertrag beträgt mithin Prozente des NV in Spalte k

$\frac{100 \cdot 40,75}{1017,08}$ = 4 % (abgerundet).

Die Kulturkosten betragen pro Hektar bei Begründung des Bestandes 30 fl., daher pro Hektar und Jahr für die Umtriebszeit u = $\frac{30}{u}$. Die jährlichen Ausgaben für Verwaltung und Steuern sind = 3 fl.

Die Summen dieser jährlichen Ausgaben an Kulturkosten, Verwaltung und Steuern pro Hektar sind in der Spalte l eingetragen.

Z. B. für u = 100

jährliche Kulturkosten = $\frac{30}{100}$ = 0,30 fl.,
jährliche Verwaltung = v = 3,00 „
Summe = 3,30 fl.

Durch Abzug dieser Kosten von dem jährlichen Waldrohertrage pro Hektar in Spalte i erhält man die in Spalte m eingetragenen jährlichen

§ 3. Ertragstafel II nach Pöpel. — § 4. Ertragstafel III nach Schwappach.

Waldreinerträge pro Hektar für normale Betriebsklassen, deren Größen in Hektaren und deren Umtriebszeiten den in Spalte a eingetragenen Zahlen entsprechen. Die Positionen in Spalte n (der jährliche Waldreinertrag beträgt Prozente des XV) sind hiernach berechnet.

Z. B. für u = 100
   jährlicher Waldreinertrag pro Hektar = 37,45,
   XV pro Hektar . . . . = 1017,08,
Daher Prozent
$$\frac{37{,}45 \times 100}{1017{,}08} = 3{,}68 \text{ pCt.}$$

Die Einträge in den Spalten o, p und q sind der Judeich schen Tafel entnommen.

§ 3.
Ertragstafel II nach Pöpel.

Die Ertragstafel, nach welcher Tafel II konstruiert worden ist, wurde von dem königl. sächsischen Oberförster Pöpel zu Reichstein im Märzhefte der allgem. Forst- und Jagdzeitung von 1888, S. 88 mitgeteilt. Die Naturalerträge derselben sollen nach den neuesten Zusammenstellungen unserer deutschen Versuchsanstalten und zwar für die Fichte 2. Ertragsklasse ermittelt worden sein. Die Preise entsprechen nach Angabe Pöpels den dortigen seit mehreren Jahren üblichen. Die anliegende Ertragstafel II ist hiernach ganz in der Weise, wie die Ertragstafel I von mir konstruiert worden, und will ich nur hervorheben, daß die Spalte h (Rohertrag pro Hektar) der Spalte Z der Pöpel schen Tafel entspricht, mit Ausnahme eines Druckfehlers bei dem Durchschnittsertrage des Bestandsalters 20, welcher 15,5 und nicht 16,5 beträgt.

Die Bodenerwartungswerte für 2pCt. und für 3pCt. wurden der Pöpelschen Tafel entnommen. Unter Bezugnahme auf das von mir bei Ertragstafel I Gesagte halte ich weitere Erörterungen nicht für nötig.

§ 4.
Ertragstafel III nach Schwappach.

Diese Tafel für die Kiefern I. Bonität ist dem trefflichen Werke des Herrn Professors Dr. Schwappach zu Eberswalde*) entnommen (S. 66) und von mir in ähnlicher Weise wie die Tafeln I und II vervollständigt worden.

Schwappach hat sich dadurch ein besonderes Verdienst erworben, daß er außer der Materialertragstafel auch eine Geldertragstafel für die

---
   *) Wachstum und Ertrag normaler Kiefernbestände in der norddeutschen Tiefebene.

6 Erstes Kapitel. Erläuterungen über die Berechnung der Ertragstafeln I, II und III.

5 Bonitäten der Kiefern auf Grund statistischer Ermittelung der Holz=
preise, Kultur= und Verwaltungskosten entworfen hat.

Die Schwappachsche Tafel beginnt mit dem 30. Holzaltersjahre.
Ich habe dieselbe jedoch bis zum 10. Jahre interpoliert, davon ausgehend,
daß die Holzgehalte annähernd auf nicht zu lange Zwischenräume hin in
arithmetischer Reihe 1. Ordnung steigen. Diese Regel mag jedoch bei den
jüngsten Altersklassen bis zu etwa 20 Jahren nur ungefähr zutreffen.

Es geschah dieses vorzugsweise aus dem Grunde, um zu ermitteln, bei
welchem Holzalter der Bodenerwartungswert seinen höchsten Stand erreicht.
Schwappach hat nämlich auf S. 69 die mit 2 und 3 pCt. berechneten Boden=
erwartungswerte nur für die Holzalter 80, 100, 120 und 140 angegeben.

Warum derselbe die Bodenerwartungswerte für die übrigen Holzalter,
die jedenfalls doch wohl von ihm berechnet worden sind, nicht mitgeteilt
hat, ist nicht weiter erläutert. Ich habe mir deshalb die Mühe gemacht,
sämtliche B_e für die Bonität I mit 2 und mit 3 pCt. zu berechnen, und
es würde gewiß sehr interessant sein, wenn Schwappach sämtliche Boden=
erwartungswerte auch für die Bonitäten II bis V veröffentlichen wollte.

Sämtliche von mir für die Bonität I berechneten B_e sind in den Spalten
n und o der Tabelle III eingetragen.

Hierbei hat sich das höchst überraschende Ergebnis herausgestellt,
daß die Maxima der Bodenerwartungswerte bei der Bonität I bei 2 pCt.
und bei 3 pCt. in das Altersjahr 10 (sage zehn) fallen und zwar

bei 2 pCt. mit 2565 ℳ pro Hektar
„ 3 „ „ 1598 „ „ „

Die von Schwappach für die vorher genannten Altersstufen mit=
geteilten Bodenerwartungswerte stimmen mit den meinigen fast ganz genau
überein. Die Unterschiede beruhen auf der ungleichen Berücksichtigung der
Dezimalstellen.

Das Maximum des jährlichen Waldreinertrags einer normalen Be=
triebsklasse ist bei der Umtriebszeit von 110 bis zu 140 Jahren ziemlich
gleich, nämlich 91,1 bis 91,9 ℳ pro Hektar.

Der jährliche Waldreinertrag bei der Umtriebszeit 10 des größten
Bodenerwartungswertes beträgt 58,3 ℳ pro Hektar.

Diese Tabelle giebt eine prächtige Beleuchtung der G. Heyerschen
Theorie des Unternehmergewinnes. 10000 ha Kiefernwald der Bonität I
liefern jährlich nach Abzug aller Kosten bar in die Kasse
bei (u = 10) der Umtriebszeit der höchsten Bodenrente

$58{,}3 \times 10000 = 583000$

bei der Umtriebszeit von 140 Jahren $91{,}9 \times 10000 = 919000$

mithin bei letzterer mehr   336000

§ 4. Ertragstafel III nach Schwappach. 7

Der jährliche Schaden, welcher dem Waldeigentümer bei Einhaltung der Umtriebszeit von 140 Jahren gegenüber der Umtriebszeit von 10 Jahren pro Jahr und Hektar entstehen soll, berechnet sich nach der von G. Heyer auf S. 162 seiner Waldwertrechnung, 3. Auflage, gegebenen Formel folgendermaßen.

Dieselbe lautet:
$$\frac{(^uBe - {}^uB)(1{,}0p^u - 1)}{u}*)$$

Hierin bedeuten: ^uBe das Maximum des Bodenerwartungswertes pro Hektar bei der Umtriebszeit u, ^uB den Bodenwert einer anderen Umtriebszeit u.

In unserem Beispiele ist mithin bei 3 pCt.:

^uBe bei der Umtriebszeit $10 = 1598$ ℳ
^uB „ „ „ $140 = 197$ „
$^uBe - {}^uB = 1401$ ℳ
$1{,}03^u - 1 = 1{,}03^{140} - 1 = 61{,}69$

Daher: $\dfrac{1401 \times 61{,}69}{140} = 617{,}3406$ pro Hektar.

Daher für 10 000 ha $= 6\,173\,406$ ℳ.

Also hört es, Ihr Männer vom grünen Fache: Wenn Ihr 10 000 ha Kiefern der I. Bonität in der Umtriebszeit von 140 Jahren bewirtschaftet, so habt Ihr denjenigen gegenüber, welche eine gleiche Fläche in der Umtriebszeit der größten Bodenrente von 10 Jahren bewirtschaften, eine jährliche Zubuße von über 6 Millionen Mark, während doch thatsächlich die ersteren am Schlusse des Jahres ein Plus von 336 000 ℳ den letzteren gegenüber bar in Kasse haben.

Man kann hiergegen einwenden, daß diese Rechnung nicht zutreffend sei, weil ja unmöglich 10 jährige Kiefern in solcher Masse verwertbar wären. Dieser Einwand ist vollständig begründet. Er beweist jedoch auf das schlagendste:

Daß die Waldungen selbst, d. h. die thatsächlich vorliegenden Verhältnisse der Anwendung der Bodenreinertragstheorie, welche als Ideal die Einführung der Umtriebszeiten der größten Bodenrenten aufstellt, ein gebieterisches „Halt!" zurufen.

Nehmen wir an, daß erst im 30. Jahre eine Verwertung des Holzes nach dem angenommenen Preise möglich sei, so gestaltet sich die Rechnung folgendermaßen:

---

*) In dem Februarhefte des Baurschen Centralblattes von 1889, S. 88, habe ich diese Formel ausführlich erörtert, und in dem § 14 dieser Schrift auch kurz mathematisch entwickelt.

8 Erstes Kapitel. Erläuterungen über die Berechnung der Ertragstafeln I, II und III.

$$^uBe \text{ im } 30. \text{ Jahre bei } 3 \text{ pCt.} = 1263 \, \mathscr{M}$$
$$^uB \text{ im } 140. \quad \text{„} \quad \text{„} \quad \text{„} \quad = 197 \, \text{„}$$
$$^uBe - {^uB} = 1066 \, \mathscr{M}$$

$$\frac{1066 \times 61{,}69}{140} = \frac{65\,761{,}54}{140} = 469{,}725 \, \mathscr{M}.$$

Schaden pro Hektar.

Daher für 10 000 ha

$$10\,000 \times 469{,}725 = 4\,697\,250 \, \mathscr{M}$$

also über 4½ Millionen Mark.

Jährlicher Waldreinertrag pro Hektar bei $u = 30 = 66{,}6 \, \mathscr{M}$
„ „ „ „ „ $u = 140 = 91{,}9$ „
Differenz $= 25{,}3 \, \mathscr{M}$

Daher für 10 000 ha bei der letzteren Umtriebszeit ein Plus von 253 000 $\mathscr{M}$, während nach der Theorie des Unternehmergewinnes die Umtriebszeit 30 mit einem jährlichen Plus von über 4½ Millionen Mark, der Umtriebszeit 140 gegenüber arbeiten soll. Herr Schwappach ist übrigens nichts weniger, als ein Bodenreinertragler, denn am Schlusse seiner Schrift, S. 72, sagt er die beherzigenswerten Worte: „Wenn das Maximum des Wertdurchschnittszuwachses Wirtschaftsziel ist, ein Fall, welcher bei den meisten*) Staatsforstverwaltungen vorliegt, so muß, abgesehen von der geringsten Bonität, die Umtriebszeit auf mindestens 120 Jahre festgesetzt, und darf bei den besten Bonitäten sogar bis auf 140 Jahre erhöht werden. Die hier und da bestehende Tendenz, die Umtriebszeit auf 100 Jahre und sogar noch darunter selbst auf den besseren Bonitäten herabzusetzen, erscheint unter der oben gemachten Voraussetzung einer auf Erziehung von möglichst viel Nutzholz gerichteten Wirtschaft unzulässig."

Ich möchte hier noch anfügen, daß nicht allein für die Staats-, sondern auch für alle Kommunalwaldungen der Grundsatz maßgebend sein sollte, daß eine solche Wirtschaft einzurichten sei, welche am Schlusse des Jahres nach Abzug aller Kosten das meiste bare Geld in die Kasse liefert.

Daß alle derartigen, in dem Nachhaltsbetriebe befindlichen Waldungen noch ganz schöne Wirtschaftsprozente resp. Weiserprozente besitzen, werde ich später nachweisen.

Jedenfalls hat Schwappach den unwiderleglichen Beweis geliefert, daß die Bodenreinertragstheorie zur Regelung der Wirtschaft in den norddeutschen Kiefernwaldungen **vollständig unbrauchbar ist**.

---

*) Ich möchte sagen: bei allen.

Ertragstafel I.

Tabelle 1. Werttragstafel über 1 ha Fichtenwald nach der Tafel auf Seite 64 der Forsteinrichtung von Judeich, 4. Auflage, zusammengestellt und berechnet von Bose.

a	b	c	d	e	f	g	h	i	k	l	m	n	o	p	p (Spalte 0,03)
Holzalterstufen, Umtriebszeiten Jahre	Erntekosten, freier Preis des Hauptertrags	des Vorertrags	Summe der Altersstufen des Hauptbestandes	Summe der Vorerträge	Gebrauchswert	Erntekostenfreier Gebrauchswert des Normalvorrats im ganzen pro ha NV	Erntekostenfreier Rohertrag im ganzen pro ha b + c	pro ha h/a	Der Waldertrag beträgt Prozente des XV 100·i	Kultur- u. Verwaltungskosten und Steuer pro Jahr und Hektar zusammen k = v+s = 3	Jährlicher Waldreinertrag pre Hektar für die Umtriebe in Spalte a	Der jährl. Waldreinertrag beträgt Prozent des XV, in 100·m	Weiserprozent von 10 in 10 Jahren nach Form II von Judeich	Bodenrenticerte mit 3 pCt.	
15	12,0	—	12,0	—	12,0	12,0	0,80	—	5,00	— 4,20	—	—	0,814	
20	39,0	1,8	51,0	1,8	138,6	6,90	2,01	21,57	4,50	— 2,46	— 35,65	—	2,294	27,14
25	86,1	4,0	137,4	5,8	427,8	17,11	3,69	21,73	4,20	— 0,51	2,98	—	3,402	76,47
30	167,7	7,2	305,1	13,0	1022,4	34,08	6,02	17,66	4,00	+ 2,02	5,93	4,137	4,632	113,40
35	262,4	11,2	567,5	24,2	2050,3	58,58	8,19	13,98	3,86	4,33	7,39	5,039	4,958	151,40
40	400,0	15,0	967,5	39,2	3637,5	90,94	10,98	12,07	3,75	7,23	7,46	3,728	5,458	165,27
45	497,7	20,8	1465,2	60,0	5832,0	129,62	12,39	9,56	3,67	8,72	6,73	3,779	5,850	181,93
50	632,5	27,2	2097,7	87,2	8591,0	171,82	11,39	8,38	3,60	10,79	6,28	3,832	6,149	195,00
55	785,0	30,5	2882,7	117,8	12055,5	219,24	16,41	7,48	3,55	12,86	5,87	3,376	6,488	204,97
60	955,8	34,0	3838,5	151,8	16325,1	272,08	18,46	6,78	3,50	14,96	5,50	3,286	6,790	216,27
65	1182,0	31,5	5020,5	186,3	21556,5	331,61	18,93	6,35	3,46	17,50	5,31	2,582	7,213	226,33
70	1428,9	33,8	6449,4	220,1	27960,3	399,43	21,05	5,90	3,41	20,12	5,01		7,170	241,43
75	1699,2	26,0	8148,6	246,1	35464,4	475,27	23,56	5,46	3,40	22,54	4,74		6,980	242,17
80	2036,0	20,8	10184,6	266,9	41815,0	560,19	25,94	5,14	3,37	25,41	4,54			239,00
85	2418,0	16,8	12632,6	283,7	53811,0	656,69	24,78	4,80	3,35	28,79	4,38			233,00
90	2875,0	11,2	15507,6	294,9	68913,0	765,70	32,11	4,60	3,33	31,89	4,17			
95	3322,0	—	18829,6	294,9	81182,0	886,12	35,22	4,30	3,32	34,75	3,92			
100	3780,0	—	22609,6	294,9	101708,0	1017,08	40,25	4,00	3,30	37,45	3,68			

Kulturkosten pro Hektar = 30 Gulden.
Verwaltung und Steuern pro Hektar = v + s = 3 Gulden.

Bodenbruttowert für u (= 90) . . . . . . = 242,17 Gulden.
max. des reinen Bodenwerts . . . . = 100,00 "
Bodenbruttowert für u (= 100) . . . . . . = 142,17 Gulden, dessen Rente = 142,17 × 0,03 = 4,26 fl.
ab Steuer- und Verwaltungskapital . . . = 233,00 "
Reiner Bodenwert für u (= 100) . . . . . = 100,00 "
der größten Waldrente . . . . = 133,00 Gulden, dessen Rente = 133,00 × 0,03 = 3,99 fl.

Verwaltungs u. Steuerkapital = (v + s)/0,03 = 100 Gulden.

Tabelle II. Ertragstafel für Fichte 2. Ertragsklasse. Nach der vom Oberförster Pöpel zu Reichstein in Sachsen in der Forst- und Jagd-Zeitung, März 1888, S. 88, veröffentlichten Ertragstafel zusammengestellt und berechnet von Bose.

a	b	c	d	e	f	g	h	i	k	l	m	n	o	p	q	r	s
Holzhaltungsstufen, Umtriebszeiten	Hauptbestand	Gebrauchswert nach Abzug des Hauerlohnes	Bernutzung	Summe der Altersstufen des Hauptbestandes	Normalvorräte an Hauptbestand und Walderträge an Haupt- und Vornutzungen von Betriebsklassen, deren Umtriebszeiten und Größe in Hektar den in Spalte a eingetragenen Zahlen entsprechen			Der Walterertrag beträgt Prozente des XV. 100 j. h	Jährl. Waldreinertrag pro Hektar nach Abzug der Kultur- und Verwaltungskosten u. Steuern. Reinertrag $c=50$ $v=9,6$ Mark Kosten $h-k$	Bodenwerte bei 3 pCt.			Bodenwerte bei 2 pCt.			Der jährl. Waldreinertrag beträgt Prozente des NV 1.100
					Normalvorrat excl. Hauerlohn					inkl. Steuer- und Verwaltungskapital $=V$	Steuer- u. Verwaltungskapital $=V$	reiner Bodenwert $m-n$	inkl. Steuer- und Verwaltungskapital $=V$	Steuer- u. Verwaltungskapital $=V$	reiner Bodenwert $p-q$	
					im pro ganzen Hektar	pro Hektar											
	ℳ	ℳ	ℳ	ℳ	ℳ	ℳ	ℳ										
10	310	—	310	—	1365	70	15,5	22,1	12,1	3,4	273	320	−4,7	486	480	+6	4,86
20	765	84	849	1075	6512	218	28,3	13,0	11,3	17,0	510	320	+190	935	480	455	7,80
30	1612	130	1742	2657	18004	450	45,6	10,0	10,8	31,8	748	320	428	1435	480	955	7,73
40	3146	158	3304	5843	41027	820	70,3	8,6	10,6	59,7	1008	320	688	2040	480	1560	7,28
50	5036	216	5252	10868	70592	1350	91,2	7,0	10,4	83,8	1153	320	833	2180	480	2000	6,21
60	6800	350	7150	17768	131740	1996	112,5	5,6	10,3	102,2	1167	320	847	2072	480	2192	5,12
70	8635	393	9028	26801	218347	2728	130,1	4,8	10,2	119,9	1141	320	821	2284	480	2304	4,39
80	10747	411	11158	37551	316401	3516	139,2	4,0	10,1	129,1	1038	320	718	2430	480	2210	3,67
90	11587	416	12003	49188	432926	4292	141,1	3,3	10,1	131,3	903	320	583	2476	480	1996	3,06
100	12483	313	12796	62181	553318	5030	141,3	2,8	10,0	131,2	782	320	462	2251	480	1771	2,61
110	11091	270	11361	76185	687828	5732	140,1	2,4	10,0	130,0	679	320	359	2041	480	1561	2,27

Auf Seite 87 der Forst- u. Jagd-Zeitung vom März 1888 wurden angegeben:

Steuern ... 1,6 ℳ Das Verwaltungs- u. Steuerkapital V

Pro Hektar für Verwaltung 8 ℳ, beträgt mithin bei 3 pCt. $= \frac{9,6}{0,03} = 320$ ℳ und nicht 220 ℳ wie das. angegeben ist.

Summe ... 9,6 ℳ " 2 " $= \frac{9,6}{0,02} = 480$ ℳ.

„Die Kulturkosten betragen pro Hektar 50 ℳ."

Ertragstafel III.

Tabelle III. Nach der Geldertragstafel für 1 ha Kiefern, Bonität I, von Schwappach in besserer Schrift: „Wachstum und Ertrag normaler Kiefernbestände in der norddeutschen Tiefebene", zusammengestellt und berechnet von Bose.

a	b	c	d	e	f	g	h	i	k	l	m	n	o
Jahre Holzaltersstufen, Umtriebszeiten	Erntekostenfreier Wert pro Hektar des Hauptbestandes	der Zwischennutzungen	Summe der Altersstufensummen des Hauptbestandes	Normalvorräte an Hauptbestand und Waldbeiträge an Haupt- und Vornutzungen von Betriebsklassen, deren Umtriebszeiten und Größen in Hektar den in Spalte a eingetragenen Zahlen entsprechen. Normalvorrat		Rohertrag exkl. Hauerlohn	Rohertrag	Der Waldrohertrag beträgt Prozente des Normalvorrats 100 . h	Jährlicher Waldreinertrag pro Hektar nach Abzug der Antizipations- und Verwaltungskosten und Steuern $\frac{u}{v=5}$	Jährlicher Waldreinertrag pro Hektar $l = k - h$	Der jährliche Waldreinertrag beträgt Prozente des NV 100 . l	Meine Bodenwerte pro Hektar nach Abzug des Verwaltungskapitals $\frac{5}{0,0p}$ bei $p = 2$ pCt.	bei $p = 3$ pCt.
				im ganzen	pro Hektar	im ganzen pro Hektar							
10	708	—	708	3186	318,6	708	70,8	22,2	12,5	58,3	18,3	2565,4	1598
20	1415	—	2123	13447	672,3	1415	70,8	10,5	8,7	62,1	9,2	2132,8	1420
30	2123	102	4246	30783	1026,1	2225	74,1	7,2	7,5	66,6	6,5	2523,9	1263
40	2701	146	6947	54614	1365,3	2919	73,7	5,4	6,9	66,8	4,9	2073,7	1014
50	3332	195	10339	81734	1634,7	3835	76,6	5,5	6,5	70,1	4,1	1945,6	906
60	4232	220	14571	122434	2040,6	4895	81,6	4,5	6,2	75,4	3,7	1872,5	809
70	5089	213	19660	168610	2408,7	5965	85,2	4,0	6,3	79,1	3,3	1765,0	709
80	5939	194	25599	223395	2791,9	7069	88,3	3,1	6,1	82,4	3,3	1650,3	608
90	7022	161	32681	288189	3202,1	8256	91,7	3,2	5,9	85,9	2,9	1538,2	521
100	8080	138	40761	363170	3631,7	9152	91,5	2,9	5,8	88,8	2,7	1421,8	443
110	9152	123	49913	448794	4079,9	10617	96,5	2,6	5,7	91,1	2,4	1306,8	370
120	10105	113	60018	538313	4538,3	11713	97,6	2,4	5,7	92,0	2,2	1166,6	304
130	10572	103	70590	619554	4996,5	12683	97,6	2,2	5,6	92,0	2,0	1086,3	214
140	11831	102	82421	764139	5451,0	13641	97,4	1,9	5,5	91,9	1,7	931,8	197

Zweites Kapitel.
Das forstliche Weiserprozent.

— —

A. Begriff und Einleitung.

§ 5.

Unter Weiserprozent wird von den Herren Bodenreinerträglern der Prozentsatz verstanden, welchen der gegenwärtige Gebrauchswert eines Holzbestandes von bestimmtem Alter rein abwirft, wenn man von dessen absoluter jährlichen Wertsmehrung die jährlichen Kosten für Boden (Bodenrente), Verwaltung und Steuern in Abzug bringt.

Darüber, ob auch die Kulturkosten, welche bei Begründung des Bestandes verausgabt worden sind, mit in Rechnung zu ziehen seien, gehen die Ansichten auseinander. Das Weiserprozent, welcher Namen von Preßler eingeführt worden ist, soll anzeigen, ob der im Einzelbestande niedergelegte Produktionsaufwand sich noch zu dem angenommenen Wirtschaftszinsfuße verzinst, und hierdurch darauf hinweisen, ob der Bestand hiebsreif ist oder nicht. Sobald das Weiserprozent unter diesen Wirtschaftszinsfuß zu sinken beginnt, ist nach Ansicht der Herren Bodenreinerträgler die Hiebsreife des betreffenden Bestandes eingetreten. Wir werden später sehen, daß bei fester Einhaltung dieses Grundsatzes die ganze Hochwaldwirtschaft in Frage steht.

Durch die ganze Theorie der Herren Bodenreinerträgler zieht sich nun die irrtümliche Annahme hindurch, daß ein grundsätzlicher Unterschied zwischen dem aussetzenden und jährlichen Betriebe nicht bestehe, infolgedessen die von der isolierten Waldparzelle abgeleiteten Sätze über die Rentabilität kurzerhand auf die im nachhaltigen Betriebe befindlichen Waldungen angewendet werden.

Auch in der Lehre von dem Weiserprozente tritt dieses scharf hervor, indem die betreffenden Schriftsteller dieses Prozent nur für den Einzelbestand entwickeln. Ein besonderes Weiserprozent für den im normalen nachhaltigen Zustande befindlichen Gesamtwald wird von denselben nicht anerkannt. Die nachstehende Abhandlung hat den Zweck, dieses nachzuweisen, was am besten dadurch geschieht, daß man die Eigentümlichkeit des Weiserprozentes für ein jedes dieser beiden Betriebssysteme besonders erörtert.

B. Das Weiserprozent des aussetzenden Betriebes.

§ 6.
Die Theorie Judeichs über das Weiserprozent.

Judeich giebt auf S. 47 seiner Forstabschätzung, 4. Auflage, folgende Regel für Ermittelung des Weiserprozentes an:

„Bedeutet H_a den erntekostenfreien Holzvorratswert des a jährigen, H_{a+n} des älteren $a+n$ jährigen Bestandes, so beträgt das Quantum des Wertszuwachses der nächsten n Jahre $H_{a+n} - H_a$.

Gehen während dieses Zeitraums Vornutzungen ein, so sind diese im entsprechenden Nachwerte zuzurechnen. Eine Durchforstung im m^{ten} Jahre, deren erntekostenfreier Wert gleich D_m, würde obigen Wert erhöhen auf: $H_{a+n} + D_m . 1,0p^{a+n-m}$*) — H_a wenn der angenommene Wirtschaftszinsfuß gleich p.

Dieses Zuwachsquantum ist eine durch die vorausgegangene Untersuchung gegebene Größe. Fraglich erscheint nach § 15 der **Kapitalstock, auf welchen sie zu beziehen ist, um das Prozent W der laufend jährlichen Verzinsung zu finden.**

Bezeichnet man die Summe der im vorigen Paragraph entwickelten drei Größen $B_u + V + S$ (Boden-Verwaltungs- und Steuerkapital) der Kürze halber mit g, so repräsentiert dieses g einen Kapitalwert, dessen Zinsen alle in der Wirtschaft vorkommenden Kosten decken, mit Ausnahme der Kultur- und Erntekosten; es ist gleichbedeutend mit Preßlers sogenanntem Bodenbrutto-Kapitale. Dieses g muß unter allen Umständen den einen Teil des fraglichen Kapitalstockes bilden."

Bis hierher bin ich der Darstellung Judeichs wörtlich gefolgt.

Den anderen Teil des Kapitalstockes bildet der Wert des a jährigen Holzbestandes und es entsteht die Frage:

ob man den sogenannten Kostenwert kH_a desselben, indem man alle Kosten und Erträge der Vergangenheit in Rechnung stellt, oder den gegenwärtigen erntekostenfreien Wert des a jährigen Holzbestandes in die Formel einzuführen habe.

---

*) Der Ausdruck $D_m . 1,0p^{a+n-m}$ paßt für alle Durchforstungen, welche nach dem Jahre a bis zu einschließlich dem Jahre $a+n$ eingehen. Geht die Durchforstung in dem Jahre $(a+n)$ ein, so wird $m = a+n$, und der Wert der Durchforstung in dem $a+n^{ten}$ Jahre ist dann $= D_{a+n} . 1,0p^{(a+n)-(a+n)} = D_{a+n} . 1,0p^0 = D_{a+n}$.

Die Judeichsche Formel ist mithin für alle Fälle korrekt. Ich erwähne dieses hier, um einem Mißverständnisse bezüglich der in Spalte m der Tabelle E § 12 eingetragenen Formel vorzubeugen.

Bose.

14 Zweites Kapitel. Das forstliche Weiserprozent.

Judeich spricht sich ganz mit Recht für das letztere aus, worauf ich später noch zurückkommen werde, und entwickelt demgemäß seine Formel II auf S. 49.

Der Zuwachs des a jährigen Holzbestandes in den nächsten n Jahren, einschließlich des Nachwertes der innerhalb dieses Zeitraumes im m^{ten} Jahre erfolgten Durchforstung beträgt mithin:

$$H_{a+n} + D_m . 1{,}0p^{a+n-m} - H_a.$$

Diesem Zuwachse steht ein Kapitalstock gegenüber von B_u = reiner Bodenwert, $(V + S)$ = Verwaltungs- und Steuerkapital beide zusammengefaßt unter der Bezeichnung g und H_a, gegenwärtiger Wert des a jährigen Holzbestandes.

Die Zinsen dieses Kapitalstockes wachsen in n Jahren an auf

$$(H_a + g)(1{,}0w^n - 1),$$

in welchem Ausdrucke w das gesuchte Weiserprozent bildet, um welches sich der Kapitalstock verzinst. Für den Zustand des Gleichgewichts ergiebt sich hieraus die Formel:

$$H_{a+n} + D_m . 1{,}0p^{a+n-m} - H_a = (H_a + g)(1{,}0w^n - 1)$$

Hieraus

$$1{,}0w^n - 1 = \frac{H_{a+n} + D_m . 1{,}0p^{a+n-m} - H_a}{H_a + g}$$

$$1{,}0w^n = \frac{H_{a+n} + D_m . 1{,}0p^{a+n-m} - H_a}{H_a + g} + 1$$

$$1{,}0w^n = \frac{H_{a+n} + D_m . 1{,}0p^{a+n-m} + g}{H_a + g}$$

Form. II, $W = 100 \left[\sqrt[n]{\frac{H_{a+n} + D_m . 1{,}0p^{a+n-m} + g}{H_a + g}} - 1 \right]$

In dieser Formel ist, wie oben schon erwähnt wurde, $g = B + V$ = reiner Bodenwert + Verwaltungs- und Steuerkapital, und Judeich sagt auf S. 48, daß zum Zwecke der Ermittelung der laufend jährlichen Verzinsung des Produktionsaufwandes für B am richtigsten das Maximum des Bodenerwartungswertes $= B_u$ eingeführt werde.

Ein Grund dafür, warum die Einführung dieses Maximums das Richtigste sei, wird nicht angegeben.

(Siehe die Tabelle A auf S. 15.)

In der nebenstehenden Tabelle A sind die von Judeich in seiner Ertragstafel I angegebenen Weiserprozente von 10 zu 10 Jahren in Spalte d eingetragen, und dabei wurden die Zeiträume angeführt, für welche dieselben gelten.

B. Das Weiserprozent des aussetzenden Betriebes. § 6.

Tabelle A. Weiserprozente des aussetzenden Betriebes nach der Judeich'schen Werterstragstafel I. S. 64 dessen Forsteinrichtung.

a	b	c	d	e	f	g	h	i	k	l	m
Holzaltersstufen n Jahre	Erntekostenfreier Preis des		Nach Judeich's Forsteinrichtung, 4. Aufl., S. 64, von 10 zu 10 Jahren nach Form. II daselbst	Summarisches Verfahren nach Bose							
	Hauptbestandes H	Vorertragsv		Der Hauptbestand wächst jährlich zu nach der Formel $\frac{H_a + v - H_a}{10}$		Der Hauptbestand wächst zu in Prozenten $\frac{100 \cdot f}{H_a}$		Weiserprozent nach der Formel $\frac{100 f}{H_a + 212{,}17\,^{*})}$		Der Hauptbestand H in Spalte b beträgt nach 5 Jahren $5f + H$	Weiserprozent nach der Formel $\frac{100 \cdot f}{1 + 242{,}17}$
	Gulden à 100 Kreuzer		Weiserprozent	in den Jahren	Gulden	im Jahre	Prozente	im Jahre	Prozente	im Jahre	Gulden	im Jahre	Prozente
Jahre													
20	39,9	1,8	4,137	21—30	12,87	21	33,00	21	4,58	25	103,35	25	3,72
30	167,7	7,2	5,039	31—40	23,23	31	13,85	31	5,67	35	283,85	35	4,42
40	400,0	15,0	3,728	41—50	23,25	41	5,81	41	3,62	45	516,25	45	3,07
50	632,5	27,2	3,779	51—60	32,33	51	5,11	51	3,70	55	794,15	55	3,12
60	955,8	34,0	3,832	61—70	47,31	61	4,95	61	3,95	65	1192,15	65	3,30
70	1428,9	33,8	3,376	71—80	60,71	71	4,25	71	3,63	75	1732,15	75	3,07
80	2036,0	20,8	3,286	81—90	83,90	81	4,12	81	3,68	85	2155,50	85	3,11
90	2875,0	11,2	2,682	91—100	90,50	91	3,15	91	2,91	95	3327,50	95	2,53
100	3780,0	—											

*) 242,17 = Max. des Bodenbruttowertes im Jahre 90 berechnet mit 3 pCt.

oder = Bodenreinwert = 142,17

Steuer und Verwaltungskap. 100,00

Summe 242,17

Judeich motiviert auf S. 49 sein Verfahren folgendermaßen:
„Handelt es sich um die Frage, ob es wirtschaftlich vorteilhaft sei, einen a jährigen Bestand jetzt zu fällen, oder denselben noch n Jahre lang wachsen zu lassen, so giebt die Antwort folgende Erwägung. Der jetzige Abtrieb liefert uns den Ertrag H_a, und giebt das durch den Bestand gefesselte Bodenkapital für weitere Produktion frei. Lassen wir den Bestand noch n Jahre stehen, so liefert er den Ertrag H_{a+n}, beziehungsweise $H_{a+n} + D_m \cdot 1{,}0p^{a+n-m}$.

Während der n Jahre erwachsen als Kosten nur die laufend jährlichen Kosten für Verwaltung und Steuern und die nicht bezogene Bodenrente, mit anderen Worten nur die Zinsen des Bodenbruttokapitals g. Vermag nun der njährige Zuwachs gemäß dem angenommenen Wirtschaftsprozente p diese Zinsen zu decken und den Wert H_a auf seinen njährigen Nachwert zu heben, so gewährt der Abtrieb von H_{a+n} weder Vorteil noch Nachteil gegenüber dem von H_a. Erfolgt dagegen während der n Jahre die Verzinsung von g und H_a zu einem anderen Prozent w, so wird der Abtrieb des Bestandes H_a gerechtfertigt, sobald $w < p$; es erscheint dagegen das weitere Stehenlassen des ajährigen Bestandes finanzwirtschaftlich vorteilhaft, wenn $w > p$. — Um die vor dem Jahre a stattgehabten Kosten und Erträge kümmern wir uns nur insofern, als wir sie zur Berechnung von g brauchen. Der Wert H_a erscheint gewissermaßen als Repräsentant aller vorigen Kosten, soweit dieselben nicht durch Vorerträge gedeckt sind. Möglicher Gewinn und Verlust der Vergangenheit gehören dieser an, werden nicht auf die Zukunft übertragen.

Diese Motivierung scheint auf den ersten Blick als ganz unwiderleglich. Bei näherer Betrachtung erscheint dieselbe jedoch für die Mehrzahl der Fälle unzutreffend. Sie geht von dem Grundsatze aus, daß, wie oben schon erwähnt wurde, jeder Bestand ohne Ausnahme, auch wenn er in ein nachhaltiges Wirtschaftssystem eingefügt ist, welches doch wohl die Regel bildet, der Axt zu verfallen habe, sobald sein Weiserprozent das ganz willkürlich angenommene Wirtschaftsprozent nicht erreicht.

Die Größe dieses Wirtschaftsprozents beeinflußt aber im höchsten Grade den damit berechneten Maximal-Bodenwert.

Nach der Pöpelschen Ertragstafel S. 18 tritt das Maximum des Bodenbruttowertes ein:

bei 3 pCt. im 70. Jahre mit 1167 ℳ
" 2 " " 80. " " 2784 "

Die Weiserprozent Theorie nimmt an, daß das Maximum des Bodenerwartungswertes gleichsam bar von dem Waldeigentümer in seinem

B. Das Weiserprozent des aussetzenden Betriebes. § 7.　17

Walde niedergelegt worden sei. Es ist dieses jedoch eine gänzlich unge=
rechtfertigte Annahme, welche in der Wirklichkeit keinen Boden hat. Denn
bei einem Walde, der z. B. in 120jähriger Umtriebszeit bewirtschaftet
wird, anzunehmen, daß der Boden einen Maximalwerth von z. B. 1000 ℳ
haben würde, wenn derselbe 70 Jahre lang in der Umtriebszeit von
70 Jahren bewirtschaftet werden würde, und daß es deshalb so anzusehen
sei, als ob wir diese 1000 Mark aus unserer Kasse bar in den Boden
niedergelegt hätten, kann man doch wahrlich nicht anders als eine unge=
rechtfertigte Annahme bezeichnen. Denn thatsächlich hat uns der Boden
der von den Vorfahren ererbten Waldungen nichts gekostet. Die Grund=
lagen der ganzen Weiserprozentrechnung beruhen auf ganz willkürlichen
Unterstellungen, und wenn die auf solchen aufgebauten Schlußfolgerungen
auch vollständig logisch sind, so haben sie doch für die Praxis kaum einen
Wert, ganz abgesehen davon, daß wohl in der Regel die wirtschaftlichen
Rücksichten, die man auf regelmäßige Aneinanderreihung der Schläge, auf
die Windrichtung, auf die Verteilung der Fällungen bezüglich der Absatz=
gebiete ꝛc. zu nehmen hat, viel wichtiger als das Weiserprozent sind. Diese
Rücksichten werden namentlich im reinen Nadelholze den Ausschlag geben.

Für den gemischten Laub= und Nadelwald, sowie für den Femel=
wald ist die ganze Weiserprozentrechnung ohne Wert und nicht ausführbar.
Daß bei Beständen, welche Teile eines normalen Wirtschaftsganzen sind,
jedoch ganz anders gerechnet werden müsse, werde ich in dem Abschnitte
über das Weiserprozent des nachhaltigen Betriebes nachweisen.

§ 7.
Weiserprozent des aussetzenden Betriebes nach Ansicht des Verfassers.

Das von mir in der mitgeteilten Tabelle A angegebene summarische
Verfahren beruht auf dem, oben § 2 in den Erläuterungen über die Be=
rechnung der Ertragstafel 1 angeführten Preßlerschen Satze, daß die
Werte des Hauptbestandes in einer von n zu n Jahren springenden
Ertragstafel, wenn n nicht zu groß, in arithmetischer Reihe 1. Ordnung
steigen. Von dem Alter a bis zum Alter (a + 10) steigt der Haupt=
bestand mithin um den Betrag $H_{a+10} - H_a$, mithin pro Jahr um
$\frac{H_a + 10 - H_a}{10}$. Die jährlichen Zuwachsbeträge sind in der Spalte f
angegeben. Das Zuwachsprozent des (a + 1) jährigen Bestandes ist mithin:

$$\left(\frac{H_{a+10} - H_a}{10}\right) \frac{100}{H_a} = \left(\frac{H_{a+10} - H_a}{H_a}\right) 10$$

In Spalte h sind die Zuwachsprozente des Hauptbestandes, ohne Berücksichtigung der Boden- und Verwaltungskosten berechnet.

Bei dieser Methode ist nur der Holzgehalt des ajährigen Schlages als der zu verzinsende Kapitalstock angenommen. Judeich zählt aber außerdem auch noch den reinen Bodenwert plus dem Kapitale der Verwaltungskosten und Steuern (= V), den sogenannten Bodenbruttowert, zu diesem Kapitalstocke, und zwar, wie ich schon bemerkt habe, das Maximum von Be, im vorliegenden Falle = 242,17 Gulden.

Die von mir gegebene Formel würde hiernach lauten:

$$W = \frac{(H_{a+10} - H_a)\, 10}{H_a + Be + V}$$

Die Annahme, daß bei Berechnung des Weiserprozents das Maximum des mit willkürlich angenommenem Wirtschaftsprozente berechneten Bodenerwartungswertes zu Grunde gelegt werden müsse, halte ich, wie schon bemerkt wurde, für wissenschaftlich durchaus nicht gerechtfertigt, und ich habe deshalb das ^{m}Be nur aus dem Grunde in meine Formel eingefügt, um deren Resultate mit den übrigen vergleichen zu können.

Die Weiserprozente für das erste Jahr eines jeden Jahrzehnts sind hiernach in der Spalte k berechnet, während die Judeichschen Weiserprozente in Spalte d im Durchschnitte für 10 Jahre gelten.

Außerdem hat Judeich auch noch die in dem (a + 5) und dem (a + 10) Jahre eintretenden Durchforstungen mit in Rechnung gezogen.

Trotzdem stimmen aber die von mir berechneten Weiserprozente (k) mit den Judeichschen (d) soweit überein, daß es für die Praxis ganz gleichgiltig ist, welche von beiden man annimmt, in anbetracht des Umstandes, daß die Elemente, auf welchen sie beruhen, höchst unzuverlässig sind. Es geht jedoch daraus hervor, daß die Durchforstungen bei den Weiserprozenten nur eine untergeordnete Rolle spielen. Kraft ist der Ansicht — Beiträge zur forstlichen Statik, S. 22 —, daß man allgemein annehmen könne, daß das für n Jahre berechnete Weiserprozent für den

nach $\frac{n}{2}$ Jahren eintretenden Zeitpunkt genau zutreffe. Die Judeichchen Prozente für die Jahre 21—30, 31—40 ꝛc. würden hiernach für die Jahre 25, 35 ꝛc. gelten.

Ich habe deshalb nach meiner Methode in den Spalten l und m die Weiserprozente für die Jahre 25, 35, 45 ꝛc. berechnet. Z. B.
Der Hauptbestand beträgt im 60. Jahre 955,80
Der Jahreszuwachs des Hauptbestandes beträgt vom 61. bis 70. Jahre 47,31. Daher für 5 Jahre = 47,31 × 5 =   236,55
Summe: Wert des Hauptbestandes im 65. Jahre =   . 1192,35

B. Das Weiserprozent des aussetzenden Betriebes. §§ 8. 9.

Der Zuwachs im 65. Jahre beträgt 47,31, daher Weiserprozent
$$\frac{100 \times 47,31}{1192,35 + 242,14} = 3{,}30$$
Die hiernach berechneten Prozente sind überall etwas kleiner als die Judeichschen.

§ 8.
Weiserprozente des aussetzenden Betriebes der Pöpelschen Ertragstafel (II) nach der oben erwähnten Judeichschen Formel II berechnet.
(Siehe die Tabelle B auf S. 20.)

In der Spalte d der nachstehenden Tabelle sind die nach der Judeichschen Methode berechneten Weiserprozente eingetragen, wie sie Pöpel angegeben hat.

Die nach meinem summarischen Verfahren berechneten Prozente sind in den Spalten e bis k berechnet und eingetragen.

Die in Spalte k, unter Zuziehung des größten mit 3 pCt. berechneten Bodenbruttokapitales, nach meiner Methode berechneten Weiserprozente stimmen in auffallender Weise mit den Pöpelschen überein.

In Spalte l sind die nach meiner Methode ermittelten Weiserprozente unter Annahme eines mit 2 pCt. berechneten größten Bodenbruttowertes eingetragen. Dieselben weichen vom 70. Jahre an nur unerheblich von den Pöpelschen mit 3 pCt. berechneten ab.

§ 9.
Weiserprozente des aussetzenden Betriebes der Pöpelschen Ertragstafel, nach der Methode von Kraft berechnet.

Kraft entwickelt in seiner Schrift: „Beiträge zur forstlichen Statik und Waldwertrechnung. Hannover, Klindworths Verlag" — seine Theorie des Weiserprozents folgendermaßen.

„Das von Preßler in die Forstwissenschaft eingeführte Weiserprozent soll darüber belehren, wie ein vorliegender Bestand, dessen Verbrauchswert = h ist, mit seinem gesamten Massen-, Qualitäts- und und Teuerungszuwachse von Z Prozent den Wert des Bodens, auf welchem er stockt, und das zu seiner ferneren Erhaltung erforderliche Geldkapital V (Verwaltungskapital im weitesten Sinne) thatsächlich verzinst. Wenn W das unbekannte Weiserprozent und n der Zeitraum, für welchen W ermittelt werden soll, so stellt der Ausdruck $h \times 1{,}0 \, W^n$ den auf n Jahre prolongierten Nettowert der gesamten Leistung dar. Dieser Nettowert ist gleich der Differenz zwischen den thatsächlichen Zuwachsleistungen des

20   Zweites Kapitel. Das forstliche Weiserprozent.

Tabelle B. Weiserprozente des aussetzenden Betriebes nach der Ertragstafel II des Herrn Oberförsters Pöpel zu Reichstein nach Formel II von Judeich berechnet.

a	b	c	d		e	f	g	h	i	j	k	l
Holzaltersstufen Jahre	Ernterohertrag Preis des Hauptbestandes II_a	Vorerträge	Weiserprozente berechnet von Oberförster Pöpel nach der Judeich'schen Formel II, in dessen Forsteinrichtung S. 61, von 10 zu 10 Jahren			Summarisches Verfahren nach Pole						Weiserprozente mit Max. Br. bei n 80 mit 2 pCt., Brutto Bo. 2741**, inkl. V
	Wert		Jahre	Weiserprozent		Der Hauptbestand wächst jährlich zu nach Formel $\frac{100 \cdot f}{II_a}$ in Prozenten		Weiserprozente nach Formel $\frac{100 \cdot f}{II_a + 10 - II_a / 10}$		Weiserprozente nach Formel $\frac{100 \cdot f}{II_a + 1167\,*)}$		
						in den Jahren	Wert	im Jahre	Prozente	im Jahre	Prozente	Prozent
20	310	—	21—30	3,17		21—30	45,5	21	14,68	21	3,08	1,47
30	765	84	31—40	4,35		31—40	84,7	31	11,07	31	4,38	2,39
40	1612	130	41—50	4,81		41—50	153,4	41	9,52	41	5,52	3,40
50	3146	158	51—60	4,16		51—60	189,0	51	6,00	51	4,38	3,19
60	5036	246	61—70	3,12		61—70	196,4	61	3,70	61	3,00	2,38
70	6900	303	71—80	2,75		71—80	213,5	71	3,09	71	2,65	2,20
80	9035	394	81—90	1,84		81—90	171,2	81	1,89	81	1,98	1,45
90	10747	411	91—100	1,26		91—100	119,0	91	1,11	91	1,00	0,88
100	11937	416	101—110	0,85		101—110	105,6	101	0,84	101	0,80	0,72
110	11993	343	111—120	0,63		111—120	104,1	111	0,78	111	0,71	0,51
120	14004	270	—	—		—	—	—	—	—	—	—

*) 1167 = Max. des Bodenbruttowerts im Jahre 70 berechnet mit 3 pCt.

    Meiner Bodenerwartungswert . . = 847 ℳ

    Verwaltungs- und Steuerkapital = 320 „

                    Summe: 1167 ℳ

**) Siehe Ertragstafel II, Spalte p.

B. Das Weiserprozent des aussetzenden Betriebes. § 10.

Bestandes für n Jahre $= h \times 1{,}0\,Z^n$ und den n jährigen Zinsen des Produktionsfonds $B + V$. Da die letztgenannten Zinsen unter Zugrundelegung des der Rechnung zu unterstellenden Kalkulationszinsfußes p ermittelt werden müssen, so bekommt man die Gleichung
$$h \times 1{,}0\,W^n = h \times 1{,}0\,Z^n - (B + V)(1{,}0\,p^n - 1),*)$$
woraus folgt
1. $\quad 1{,}0\,W^n = 1{,}0\,Z^n - \left(\dfrac{B+V}{h}\right)(1{,}0\,p^n - 1).$

Für $n = 1$ ergiebt sich die Näherungsformel
2. $\quad W = Z - \left(\dfrac{B+V}{h}\right)p.$"

Die Weiserprozente für die Pöpelsche Ertragstafel habe ich nach Formel 1 und Anleitung des Schemas auf S. 35 der genannten Schrift Krafts in der beifolgenden Tabelle C in den Spalten a—i berechnet.
(Siehe die Tabelle C auf S. 22.)

Zur Berechnung von Z und W aus $1{,}0\,Z^n$ und $1{,}0\,W^n$ wurde die von Kraft in seinen „Beiträgen zur forstlichen Zuwachsrechnung" auf S. 143 mitgeteilte Tafel benutzt.

Die betreffenden W sind in Spalte i eingetragen. Dieselben gelten für $n = 10$. Das zum Beispiel bei dem Alter 50 eingetragene W gilt für die Zeit von 51—60 Jahren.

Da die Formeln von G. Heyer und Preßler, sowie das von mir angewandte summarische Verfahren die Weiserprozente für ein bestimmtes Jahr angeben, so habe ich dieselben auch nach der Kraftschen Formel 2 berechnet.

In der Spalte k ist der Teilsatz $\left(\dfrac{Bc+V}{h}\right)$ 3 enthalten, welcher durch Multiplikation der Beträge in Spalte f mit 3 ermittelt wurde.

Die in Spalte e eingetragenen Zuwachsprozente Z vermindert um die Beträge in Spalte k ergeben die Weiserprozente nach Formel 2 in der Spalte l. Dieselben stimmen vom 50. Jahre an nahezu mit den nach Formel 1 berechneten überein.

§ 10.
Weiserprozente des aussetzenden Betriebes nach Gustav Heyer.

Gustav Heyer unterscheidet zwischen
a) der laufend jährlichen und
b) der durchschnittlich jährlichen
Verzinsung des Produktionsfonds:

---

*) $(B + V)$ wachsen mit Zinseszinsen in n Jahren an auf $(B + V)\,1{,}0\,p^n$, bringt man hiervon $(B + V)$ in Abzug, so ist der Rest gleich den in n Jahren aufgewachsenen Zinsen $= 3$. Daher $3 = (B + V)(1{,}0\,p^n) - (B + V) = (B + V)(1{,}0\,p^n - 1)$. Bose.

Tabelle C. Weiserprozent der Pöpelschen Ertragstafel nach der Methode von Kraft berechnet. Aussetzender Betrieb.

a	b	c	d	e	f	g	h	i	k	l
Alter des Hauptbestandes $= h$	Hauptertrag pro ha forstliche Durchforstung $= Z$. Nachwerte von 1,02% für 10 Jahre vorwärts $= 1,02^{10}$	Wert der projizierten Durchforstungserträge bis zum letzten Dezennium	Zuwachsprozent für 10 Jahre vorwärts. Max. Be für $n = 70$ bei 3 pCt. $= 817$ $\mathscr{M}$; Be $+ V = 1167 \mathscr{M}$	Zuwachsprozent für 10 Jahre vorwärts Z	$\dfrac{Be + V}{h}$	$\dfrac{k}{h}$	$\dfrac{1{,}02^{10} - \dfrac{Be+V}{h}(1{,}03^{10}-1)}{1{,}02^{10} - \dfrac{Be+V}{d-k}}$	W. Von 10 zu 10 Jahren.	$\left(\dfrac{Be+V}{h}\right) \times 3$ abgerundet auf $^1/_{10}$	Weiserprozente nach Form. 2, $c - k$
20	310	....	$\dfrac{765+84}{310} = 2{,}739$	10,6	$\dfrac{1167}{310} = 3{,}764$	1,295	1,444	3,7	11,3	— 0,7
30	765	84	$\dfrac{1612+130}{765} = 2{,}277$	9,6	$\dfrac{1167}{765} = 1{,}526$	0,525	1,752	5,8	4,6	4,0
40	1612	130	$\dfrac{3146+158}{1612} = 2{,}049$	7,4	$\dfrac{1167}{1612} = 0{,}724$	0,249	1,800	6,0	2,2	5,2
50	3146	158	$\dfrac{5036+246}{3146} = 1{,}679$	5,3	$\dfrac{1167}{3146} = 0{,}371$	0,128	1,551	4,5	1,1	4,2
60	5036	246	$\dfrac{6900+360}{5036} = 1{,}441$	3,7	$\dfrac{1167}{5036} = 0{,}232$	0,080	1,361	3,1	0,7	3,0
70	6900	360	$\dfrac{9035+394}{6900} = 1{,}367$	3,2	$\dfrac{1167}{6900} = 0{,}169$	0,058	1,309	2,7	0,5	2,7
80	9035	394	$\dfrac{10747+411}{9035} = 1{,}255$	2,1	$\dfrac{1167}{9035} = 0{,}129$	0,044	1,191	1,8	0,4	1,7
90	10747	411	$\dfrac{11937+416}{10747} = 1{,}149$	1,4	$\dfrac{1167}{10747} = 0{,}108$	0,037	1,112	1,1	0,3	1,1
100	11937	416	$\dfrac{12993+343}{11937} = 1{,}117$	1,1	$\dfrac{1167}{11937} = 0{,}098$	0,034	1,083	0,8	0,3	0,8
110	12993	343	$\dfrac{14004+270}{12993} = 1{,}098$	0,9	$\dfrac{1167}{12993} = 0{,}030$	0,032	1,066	0,6	0,3	0,6
120	14004	270								

B. Das Weiserprozent des aussetzenden Betriebes. § 10.

a) Laufend jährliche Verzinsung des Produktionsfonds.

Gustav Heyer (Waldwertrechnung, 3. Auflage, S. 121) geht bei Berechnung dieses Fonds von der Waldblöße aus und sagt: der im Jahre 0 vorhandene Produktionsfonds besteht aus
1. B, dem Bodenkapital,
2. V, dem Kapital der jährlichen Verwaltungsausgaben (v).

Daher $V = \dfrac{v}{0{,}0\,p}$,

3. den bei Begründung des Bestandes verausgabten Kulturkosten = c.

Dieser Produktionsfonds wächst an bis zu dem Jahre m, für welches man das Prozent der laufend jährlichen Verzinsung finden will mit p Prozent, dem angenommenen Kalkulationsprozente, auf
$$(B + V + c)\, 1{,}0\,p^m.$$
Derselbe wird jedoch durch die bis zum Jahre m erfolgten Einnahmen aus den Durchforstungen D, resp. durch deren bis zum Jahre m vernachwerteten Beträgen entlastet.

Man erhält so den entlasteten Produktionsaufwand =
$$(B + V + c)\, 1{,}0\,p^m - (D_a\, 1{,}0\,p^{m-a} + D_b\, 1{,}0\,p^{m-b} +)$$
Bedeuten nun, A_m, A_{m+1} die Verbrauchswerte eines Bestandes in den Jahren m, (m + 1), so ist $A_{m+1} - A_m$ die vom Jahre m bis zum Jahre m + 1 erfolgende Wertsmehrung desselben.

Es drückt sich somit das Verzinsungsprozent p^1 des Produktionsfonds zu Ende des Jahres m durch die Formel aus:

$$p^1 = \dfrac{(A_{m+1} - A_m)\, 100}{(B + V + c)\, 1{,}0\,p^m - (D_a\, 1{,}0\,p^{m-a} + D_b\, 1{,}0\,p^{m-b} + \ldots)} \quad *)$$

Heyer hat nicht angegeben, wie man aus einer Ertragstafel, welche die Holzwerte etwa von 10 zu 10 Jahren enthält, den Verbrauchswert der Holzmasse im A_{m+1} Jahre aus dem in der Tafel stehenden Werte des Jahres A_m herleiten soll. Davon ausgehend, daß man anerkanntermaßen nicht viel von der Wahrheit abweicht, wenn man annimmt, daß die Holzwerte des Hauptbestandes in kurzen Zwischenräumen, von etwa 10 zu 10 Jahren, in einer arithmetischen Reihe 1. Ordnung steigen, habe

---

*) Heyer hat früher — Handbuch der forstlichen Statik, 1871, S. 35 — auch folgende Näherungsformel gegeben:
$$p^1 = \dfrac{(A_{m+1} - A_m)\, 100}{A_m + B + V}$$
Infolge eines Druckfehlers, wie aus der Entwicklung hervorgeht, fehlt im Originale der Faktor 100, des Zählers.

24 Zweites Kapitel. Das forstliche Weiserprozent.

ich die jährliche Wertsmehrung des Hauptbestandes A_m für die nächsten 10 Jahre A_{m+10} ausgedrückt durch die Formel

$$\frac{A_{m+10} - A_m}{10}$$

und diese Beträge in Spalte e der nebenstehenden Tabelle D eingetragen. (Siehe die Tabelle D auf S. 25.)

Die Summen der von Begründung des Bestandes an erfolgten und bis zu den einzelnen Holzalterstufen hin mit p Prozent vernachwerteten Beträge der Durchforstungen in Spalte d sind der Pöpelichen Ertragstafel S. 88 der Allgem. Forst= und Jagdzeitung vom Monat März 1888 entnommen.

Die Spalte f enthält die Beträge $(B + V + c) \, 1{,}0 p^m$ und die Spalte g den entlasteten Produktionsaufwand, nämlich den Nenner obiger Gleichung, aus welcher dann die Weiserprozente durch die Formel

$$\frac{100 \; \text{Spalte c}}{\text{Spalte g}}$$

berechnet und in Spalte h eingetragen worden sind.

Übereinstimmend mit Judeich und Kraft will G. Heyer bei dieser Berechnung auch das Maximum des Bodenerwartungswertes eingeführt haben.

Der Nenner der Formel p^1,

$$(B + V + c) \, 1{,}0 p^m - (D_a \, 1{,}0 p^{m-a} + D_b \, 1{,}0 p^{m-b} + \cdots)$$

bezeichnet den Betrag, zu welchem der Bodenwert, das Verwaltungskapital und die zu Anfang des Umtriebes verausgabten Kulturkosten mit Zinseszinsen bis zum Jahre m angewachsen sind, nach Abzug aller eingegangenen und eben dahin vernachwerteten Durchforstungen. Setzen wir denselben = N, so hat man die Gleichung

$$N = (B + V + c) \, 1{,}0 \, p^m - (D_a \, 1{,}0 \, p^{m-a} + D_b \, 1{,}0 \, p^{m-b}) + \cdots)$$

bringt man auf beiden Seiten der Gleichung $(B + V)$ in Abzug, so erhält man:

$$N - (B + V) = (B + V) \, 1{,}0 p^m + c \cdot 1{,}0 p^m - (D_a \, 1{,}0 p^{m-a} + \cdots) - (B + V)$$
$$N - (B + V) = (B + V) \, (1{,}0 p^m - 1) + c \cdot 1{,}0 p^m - (D_a \, 1{,}0 p^{m-a} + \cdots)$$

Der zweite Teil dieser Gleichung ist aber identisch mit der von G. Heyer (Waldwertrechnung, 3. Auflage, S. 63) konstruierten Formel für den Holzbestandskostenwert des m jährigen Bestandes = Hkm.

Daher

$$N - (B + V) = Hkm.$$
$$N = (B + V) + Hkm.$$

Ganz die nämliche Formel für die Gesamtproduktionskosten P des Holzbestandes habe ich schon im Jahre 1863 in meinen Beiträgen zur

B. Das Weiserprozent des aussetzenden Betriebes. § 10.

Tabelle D. Weiserprozente des aussetzenden Betriebes für die Pfpelsche Ertragstafel II., berechnet nach der Methode Gustav Heyers. Waldwerthrechnung, III. Auflage, S. 121.

a	b	c		d	e	f	g	h
Bestandsalter Jahre	Gebrauchswert nach Abzug des Haarerlohnes			Bernach-wertete Vor-nutzungen bis zum Alter a in Spalte a $p = 3$	Der Hauptbestand wächst zu im Altersjahre $A_m + 10$ um $A_m + 10 - A_m$ / 10	max. $b_0 = 847$ $V = 320$ $c = 50$ Summe $= 1217$	$(B + V + c) 1{,}03^m$ $- (D_a 1{,}03^m - a + D_b 1{,}03^m - b + \ldots)$ Spalte $f - d$. Entlasteter Produktions-aufwand	$\dfrac{100 \cdot e}{g}$ Weiserprozente
	des Haupt-standes A	der Vor-nutzung D						
m Jahre		$\mathscr{M}$		$\mathscr{M}$	im Jahre $\dfrac{A_m + 10 - A_m}{10}$ $\mathscr{M}$	$\mathscr{M}$	$1217 \times 1{,}03^m$ $\mathscr{M}$	im Jahre
10	310	—		—	—	1635,55	—	—	—
20	765	84		81	45,5	2198,03	2198,03	21	2,07
30	1612	130		243	84,7	2953,97	2863,97	31	2,95
40	3146	158		485	153,4	3969,30	3726,30	41	4,11
50	5036	246		898	189,0	5335,21	4850,21	51	3,90
60	6900	360		1567	186,4	7170,07	6272,07	61	2,97
70	9035	394		2500	213,5	9635,98	8068,98	71	2,64
80	10747	411		3771	171,2	12949,96	10449,96	81	1,61
90	11937	416		5484	119,0	17433,67	13632,67	91	0,87
100	12993	343		7713	105,6	23389,07	17905,07	101	0,59
110	14004	270		10636	101,1	31432,95	23719,95	111	0,43

26   Zweites Kapitel. Das forstliche Weiserprozent.

Waldwertberechnung (S. 86) auf Grund der Faustmännschen Er­
örterungen über diesen Gegenstand in der Formel 13a gegeben, welche nur
im algebraischen Ausdrucke von der Heyerschen Formel abweicht.

Die Heyersche Formel für das Weiserprozent erhält hiernach fol­
gende Gestalt:

$$p^1 = \frac{A_{m+1} - A_m}{B + V + Hk_m}.$$

Der Holzbestandeskostenwert ist jedoch bekanntlich etwas sehr Proble­
matisches, weil er bedingt ist durch den Bodenwert, die Verwaltungskosten,
sowie die Größe der Durchforstungen und namentlich die Zeit deren Nutzung.

Das Weiserprozent soll dazu dienen, um die Hiebsreife eines Be­
standes, d. h. das Alter zu bestimmen, in welchem derselbe den Produktions­
aufwand nicht mehr in dem angenommenen Wirtschaftszinsfuße verzinst.
Es werden deshalb immer nur solche Bestände in Betracht kommen, welche
schon in vorgerücktem Alter sich befinden. Wie soll man nun bei den
Parzellen, welche sich im aussetzenden Betriebe befinden, — denn diese
kommen hier nur allein in Betracht, — und deren Besitzer wohl schwer­
lich irgend welche Buchführung vorzeigen können, nachweisen, welche
Kosten für die Erziehung des Bestandes in grauer Vorzeit aufgewendet
worden sind? Es wird dieses schon bei den im Nachhaltsbetriebe befind­
lichen Staats- und Kommunalwaldungen in der Regel nicht möglich sein,
weil die Kosten nicht für den einzelnen Bestand, sondern summarisch für
die ganze Betriebsklasse aufgeführt werden.

Wenn es aber auch wirklich möglich wäre, diesen Nachweis ganz
genau zu erbringen, so frage ich: Was hat es für den dermaligen Wald­
besitzer für ein Interesse zu wissen, wie hoch man vor 60—80 Jahren
den Bodenwert veranschlagt, und welche Kultur- und Verwaltungskosten
man zu jener Zeit verausgabt hat?

Mögen diese Beträge noch so hoch oder noch so niedrig gewesen
sein, sie sind für Bemessung der dermaligen Rentabilität gänzlich ohne
alle Bedeutung.

Judeich und Kraft haben augenscheinlich deshalb auch den soge­
nannten Holzbestandeskostenwert ihren Berechnungen nicht zu Grunde gelegt.

Aber auch ohne Einführung des Holzbestandeskostenwertes dürfte es
immer mit erheblichen Schwierigkeiten verknüpft sein, die Judeichschen
und Kraftschen Weiserprozentformeln auf eine im aussetzenden Betriebe
befindliche Parzelle anzuwenden, indem für eine solche die erforderlichen
Rechnungsunterlagen fehlen werden, und dann immer erst mühsam durch
scharfe Holzmasse und Zuwachsermittelungen zu beschaffen wären. In
der Regel wird man, um über die hier entstehenden Schwierigkeiten hin-

B. Das Weiserprozent des aussetzenden Betriebes. § 11.

wegzukommen, seine Zuflucht zu Holzertrags= und Geldwerttafeln nehmen müssen, die nur für bestimmte größere Waldbezirke bei Unterstellung nor= maler Verhältnisse Geltung haben und auf isolierte, im aussetzenden Be= triebe behandelte Parzellen eine zweifelhafte Anwendbarkeit besitzen.

Aber gerade in solchen, im nachhaltigen Betriebe befindlichen Wal= dungen kommt der aussetzende Betrieb nicht vor. Wie vollständig un= richtig jedoch die von den Herren Bodenreinerträglern verfochtene Ansicht ist, daß die für isolierte Waldparzellen berechneten Weiserprozente auch für den nachhaltigen Betrieb maßgebend seien, weil derselbe aus einzelnen im aussetzenden Betriebe befindlichen Jahresschlägen zusammengesetzt sei — werde ich später nachweisen.

b) Durchschnittlich jährliche Verzinsung des Produktionsaufwandes.

Heyer bezeichnet (S. 122) diese Verzinsung folgendermaßen.

Die laufende Verzinsung ist eine ungleichmäßige. Will man die gleichmäßige jährliche Verzinsung des aussetzenden Betriebes wissen, so verwandelt man die innerhalb der Umtriebszeit erfolgenden Rauherträge in eine jährliche (gleich große) Rente, und dividiert dieselbe durch das Kapital der Produktionskosten.

Multipliziert man den gewonnenen Quotienten mit 100, so erhält man das Verzinsungsprozent, welches wir in der Folge mit p bezeichnen wollen.

Die jährliche Rauhertragsrente des aussetzenden Betriebes ist

$$= \frac{(A_u + D_a \cdot 1{,}0p^{u-a} + \ldots D_q \cdot 1{,}0p^{u-q})\, 0{,}0p}{1{,}0p^u - 1}$$

Das Produktionskapital ist $= B + V + {}^uC$.

Die Kulturkosten müssen hier im Produktionsaufwand als Kapital

$${}^uC = \frac{c \cdot 1{,}0p^u}{1{,}0p^u - 1}$$

erscheinen, weil nur diesem, nicht den einmaligen, in den Bestand übergehenden Kulturkosten c eine jährliche Rente entspricht.

Der Ausdruck in obiger Formel:

$$\frac{A_u + D_a \cdot 1{,}0p^{u-a} + \ldots D_q \cdot 1{,}0p^{u-q}}{1{,}0p^u - 1}$$

bezeichnet sämtliche auf die Gegenwart diskontierten Einnahmen, welche der Holzbestand von seiner Gründung an bis zum Abtriebe im Jahre u liefert, nebst deren von u zu u Jahren erfolgenden Wiederholungswerten, mit anderen Worten die auf die Gegenwart diskontierten Rauherträge.

Das gegenwärtige — (d. h. das auf dem Papiere heraus= gerechnete, in Wirklichkeit jedoch nicht vorhandene, Bose) Pro= duktionskapital ist $= B + V + \dfrac{c \cdot 1{,}0p^u}{1{,}0p^u - 1}$.

Für den Zustand des Gleichgewichts hat man demnach die Formel:
$$\frac{A^u + D^a \cdot 1{,}0p^{u-a} + \ldots D^q \cdot 1{,}0p^{u-q}}{1{,}0p^u - 1} = B + V + \frac{c \cdot 1{,}0p^u}{1{,}0p^u - 1}$$

Hieraus folgt:
$$B = \frac{A^u + D^a \cdot 1{,}0p^{u-a} + \ldots D^q \cdot 1{,}0p^{u-q} - c \cdot 1{,}0p^u}{1{,}0p^u - 1} - V.$$

Es ist dieses die Formel des Bodenerwartungswertes = ^uBe für die Umtriebszeit u.

Das Prozent der durchschnittlich jährlichen Verzinsung des Produktionsfonds bei dem aussetzenden Betriebe ist nach obiger Theorie G. Heyers

$$p = \frac{\left(\dfrac{A^u + D^a \cdot 1{,}0p^{u-a} + \ldots D^q \cdot 1{,}0p^{u-q}}{1{,}0p^u - 1}\right) 0{,}0p \cdot 100}{B + V + {}^uC}$$

oder

$$p = \frac{\left(\dfrac{A^u + D^a \cdot 1{,}0p^{u-a} + \ldots D^q \cdot 1{,}0p^{u-q}}{1{,}0p^u - 1}\right) p}{B + V + {}^uC}$$

Diese Darstellung der durchschnittlich jährlichen Verzinsung des Produktionsfonds bei dem aussetzenden Betriebe ist theoretisch ganz einleuchtend und würde auch mit dem wirklichen Thatbestande vollständig übereinstimmen, wenn die verlangte Verwandlung der innerhalb der ganzen Umtriebszeit sich ergebenden Rauherträge in eine gleich große jährliche Rente wirklich erfolgen könnte. Diese Rente ist jedoch nichts, als ein bloßer, auf dem Papiere stehender Rechnungsausdruck, eine bloße Fiktion für die Kasse des Eigentümers, welchem die isolierte, im aussetzenden Betriebe befindliche Waldparzelle gehört. Die ganze Abhandlung über das durchschnittliche Weiserprozent des aussetzenden Betriebes ist mithin weiter nichts, als eine reine theoretische Spielerei, welche im Zusammenhange mit dem sogenannten Unternehmergewinne steht, über welchen ich mich im Februarhefte des Baur'schen Centralblattes S. 73, sowie an mehreren Stellen dieser Schrift ausgesprochen habe. Sie beruht auf der von mir wiederholt als unrichtig bezeichneten Annahme, daß die auf die Gegenwart diskontierten Einnahmen zukünftiger Zeiten wirklich bar vorhandene Kapitalien seien.

Wollte der Besitzer einer Waldparzelle es versuchen, gegen Verpfändung der auf derselben etwa innerhalb der ersten Umtriebszeit, immerhin aber in ferner Zukunft und langen Zwischenräumen eingehenden Erträge ein Barkapital sich vorschießen zu lassen, welches dem mit 3 pCt. auf die Gegenwart diskontierten Betrage jener entspräche, so möchte er nicht so leicht jemand finden, der sich zur Leistung des begehrten Vor-

B. **Das Weiserprozent des aussetzenden Betriebes.** § 12.

schusses verstehen würde, und dann gewahr werden, daß zwischen dem auf die Gegenwart diskontierten, auf dem Papiere herausgerechneten Werte zukünftiger Erträge und einem Bar=Kapital ein gewaltiger Unterschied besteht. Wenn er aber auch wirklich den Vorschuß erhalten könnte, so würde hierdurch an dem wahren Sachverhalte nichts geändert werden, weil dann der, welcher den Vorschuß geleistet hat, ebensowenig, als der erstere eine jährliche Rente aus dem Walde beziehen kann.

Die Berechnung der laufend jährlichen Verzinsung des Produktionsaufwandes z. B. bei einem 80 jährigen Holzbestande hat für den Besitzer dieser isolierten Parzelle doch noch einiges Interesse. Was nützt es aber demselben, wenn er aus allen von seinen Vorfahren gemachten Einnahmen und Ausgaben mit Hilfe der Zinseszinsrechnung von 80 Jahren her eine jährliche Rente berechnet, die jeder Eigentümer der Parzelle zu beziehen gehabt hätte, aber selbstverständlich gar nicht beziehen konnte; — eine Rente, welche sich auf dem Papiere um so höher berechnet, je früher die Groß= und Urgroßväter ihre Durchforstungen vorgenommen haben?

§ 11.
Weiserprozent des aussetzenden Betriebes nach Preßler.

Preßler hat in seiner Abhandlung — Allg. Forst= und Jagdzeit. von 1860, S. 188 ff. — einen allgemeinen algebraischen Ausdruck für das Weiserprozent nicht gegeben. Dieser Ausdruck würde meiner Ansicht nach lauten:

$$W = \frac{(H_{m+1} - H_m) \cdot 100}{H_m + G}$$

H_m bezeichnet den Gebrauchswert des Hauptbestandes in dem Alter m, für welchen das Weiserprozent ermittelt werden soll.

G = dem Preßlerschen Grundkapitale, welches besteht aus:
a) dem Max. ^uBe für die Umtriebszeit u,
b) dem Verwaltungskapitale $\frac{v}{0{,}0p} = V$,
c) dem Kulturkapitale.

Wenn c = den bei Begründung des Bestandes angewendeten Kulturkosten, so ist das Kulturkapital $= {}^uC = \frac{c \cdot 1{,}0p^u}{1{,}0p^u - 1}$.

Die Formel würde deshalb lauten:

$$W = \frac{(H_{m+1} - H_m) \cdot 100}{H_m + V + {}^uC + {}^uBe}.$$

Dieselbe unterscheidet sich mithin von der oben (§ 10) in einer Note angegebenen G. Heyerschen Näherungsformel dadurch, daß sie im Nenner

das in der letzteren fehlende Kulturkostenkapital enthält. Die Weiser=
prozente werden deshalb etwas kleiner ausfallen.

Außerdem giebt Preßler noch ein einfaches Näherungsverfahren für
Ermittelung des Weiserprozentes an.

Ich unterlasse es, die gewählten Beispiele auch nach den Formeln
Preßlers durchzurechnen, weil die von mir ausgeführten Berechnungen
hinlänglich darthun, wie sehr die Ansichten der Schriftgelehrten in dieser
Sache auseinander gehen.

§ 12.
Weiserprozente des aussetzenden Betriebes nach der Schwappachschen Ertragstafel III.

(Siehe die Tabelle E auf S. 31.)

In der nebenstehenden Tabelle E habe ich für die Schwappachsche
Ertragstafel III die Weiserprozente des aussetzenden Betriebes nach dem
von mir angegebenen summarischen Verfahren, nach den Kraftschen For=
meln 1 und 2 und nach der Judeichschen Formel II (siehe Note auf
S. 13) berechnet, und zwar unter Annahme des größten Bodenerwartungs=
wertes.

Die nach meiner Methode in Spalte i eingetragenen Weiserprozente
stimmen mit den Judeichschen in Spalte m ziemlich überein, wenn man
berücksichtigt, daß erstere für den Anfang eines jeden Jahrzehnts und
letztere ungefähr für die Mitte desselben gelten.

§ 13.
Allgemeine Betrachtungen über die Weiserprozente des aus= setzenden Betriebes.

Gleichmäßig sind alle Bodenreinerträgler der Ansicht, daß man das
Maximum des mit dem angenommenen Zinsfuße p berechneten Boden=
erwartungswertes den Rechnungen zu Grunde legen müsse. Welchen
Wirtschaftszinsfuß soll man aber annehmen?

Kraft spricht sich — Beiträge zur forstlichen Statik, S. 6 — für
2½ bis höchstens 3 pCt. aus. Judeich spricht sich im allgemeinen für
3 pCt. aus und fügt bei, daß sich jedoch dem Waldbesitzer durchaus nicht
der Vorwurf der Unwirtschaftlichkeit machen lasse, wenn er mit Rücksicht
auf den Teuerungszuwachs*), ohne diesen in die Rechnung einzuführen,

---

*) Dieser Teuerungszuwachs, dessen Vorausbestimmung für mehrere
Jahre, geschweige für eine ganze Umtriebszeit ein Ding der Unmöglich=
keit ist, spielt noch immer eine Rolle in den Darstellungen der Herren Bodenrein=
erträgler. Gustav Heyer hat denselben bekanntlich in der ersten Auflage seiner Wald=

B. Das Weiserprozent des aussetzenden Betriebes. § 12.

Tabelle E. Weiserprozente des aussetzenden Betriebes nach der Ertragstafel III von Schwappach für 1 ha Kiefern Bonität I.

a	b	c	d	e	f	g	h	i	k			l	m	
Holzalterstufen	Erntekosten- freier Wert pro ha	Zuwachs- prozent bei Haupt- nutzungen	Summarisches Verfahren nach Wolf					Weiserprozente nach der Formel $(H_a+10-H_a)^{10}/H_a+Be+V$ oder $100 e/H_a$ H_a+1765	Verfahren nach Kraft			Verfahren n. Judeich $1,0W^m = $ H_a+10+D_a+10+K H_a+K von 10 zu 10 Jahren $K = 1765$		
			Der Hauptbestand wächst jährlich zu nach der Formel H_a+10-H_a/10		Der Hauptbestand wächst zu in Prozenten $100 \cdot e/H_a$				Nach Formel 2. $W = Z \div ((B+V)/h \cdot 3)$	Formel 1 $1,0W = 1,0Z^{10}-((B+V)/h)/(1,03^{10}-1)$				
Jahre	H_a		in den Jahren	u	im Jahre	Prozent	im Jahre	Weiser- prozent	Weiser- prozent	in den Jahren	W	in den Jahren	Weiser- prozent	
10	708	—	11—20	70,7	11	10,00	11	2,86	— 0,28	11—20	1,4	11—20	2,5	
20	1415	—	21—30	70,8	21	5,00	21	2,22	+ 0,86	21—30	1,4	21—30	2,3	
30	2123	102	31—40	57,7	31	2,72	31	1,39	0,51	31—40	1,05	31—40	1,7	
40	2701	146	41—50	69,1	41	2,55	41	1,55	0,84	41—50	1,0	41—50	1,8	
50	3392	155	51—60	84,0	51	2,47	51	1,63	1,14	51—60	1,2	51—60	1,9	
60	4232	220	61—70	85,7	61	2,02	61	1,43	1,05	61—70	1,1	61—70	1,6	
70	5089	213	71—80	91,0	71	1,78	71	1,33	0,96	71—80	0,9	71—80	1,5	
80	5998	194	81—90	102,3	81	1,70	81	1,32	0,92	81—90	0,9	81—90	1,4	
90	7022	164	91—100	105,8	91	1,49	91	1,20	0,85	91—100	0,8	91—100	1,3	
100	8080	158	101—110	107,2	101	1,33	101	1,09	0,75	101—110	0,7	101—110	1,2	
110	9152	123	111—120	95,4	111	1,01	111	0,87	0,52	111—120	0,5	111—120	0,9	
120	10105	113	121—130	86,7	121	0,86	121	0,73	0,38	121—130	0,4	121—130	0,8	
130	10972	103	131—140	85,9	131	0,78	131	0,67	0,32	131—140	0,3	131—140	0,7	
140	11831	102												

Max. Le mit 3 pCt. bei (a = 10) = 1598 rein

$V = 0,03 \ldots \ldots 167$

Summe 1765 K

*) Zwischen dem Jahre a und dem Jahre $a + 10$ findet keine Durchforstung statt, und es kann deshalb nur die im Jahre $a + 10$ erfolgende Durchforstung in Rechnung kommen. (Siehe Note auf S. 13.)

seine Wirtschaft mit 2½—3 pCt. einrichten wollte. (Siehe Forsteinrichtung, 4. Aufl., S. 71.)

Gustav Heyer — Waldwertrechnung, 3. Aufl., S. 7 — spricht sich dahin aus, daß für Waldwertberechnungen wegen Annehmlichkeit und großer Sicherheit der Kapitalanlage ꝛc. ein geringerer Zinsfuß anzuwenden sei, als derjenige, zu welchem Geldkapitalien ausgeliehen zu werden pflegen.

Im Gegensatze hierzu vertreten der Nationalökonom Helferich, Borggreve und Eduard Heyer die Ansicht, daß gerade bei Waldwertrechnungen wegen Unsicherheit der Anlage ein höherer Zinsfuß gerechtfertigt sei.

Sehr richtig sprechen sich sowohl G. Heyer, als auch Judeich und andere dahin aus, daß ein spezifisch forstlicher Zinsfuß nicht zu ermitteln sei. G. Heyer ist der Ansicht, daß man nach Analogie des landwirtschaftlichen Zinsfußes für das mittlere Deutschland 2—3 pCt. annehmen könne. Welche höchst verschiedenen Ansichten übrigens über diesen Gegenstand bestehen, schildert G. Heyer sehr ausführlich in dem betr. Kapitel seines Buches.

Es ist eine bekannte Thatsache, wie sehr das Maximum des Bodenerwartungswertes von der Höhe des Zinsfußes beeinflußt wird. Nach der Pöpelschen Fichten=Ertragstafel beträgt das Maximum des reinen Bodenerwartungswertes (exkl. V)

bei 3 pCt. 847 ℳ
„ 2 „ 2304 „

Welchen Einfluß es auf das Weiserprozent hat, je nachdem man den einen oder den anderen dieser Bodenwerte nach dem von mir angegebenen summarischen Verfahren zu Grunde legt, wolle man aus Vergleichung der Spalten k und l der Tabelle B entnehmen. Die Differenzen nach dieser Methode sind allerdings vom 60. Jahre an aufwärts nicht auffallend verschieden. Dieselben würden jedoch viel bedeutender sein, wenn man die verschiedenen Bodenwerte in die Formeln von Judeich, Kraft und namentlich G. Heyer eintragen wollte. Jedenfalls wird es nicht zu bestreiten sein, daß der willkürlich angenommene Kalkulationszinsfuß auf das Weiserprozent wesentlich einwirkt.

wertberechnung durch Konstruktion von Kurven zu bestimmen gesucht, welchen der Gang der Holzpreise jedoch durchaus nicht folgte.

Auch die Bemühungen Lehrs in seinem Artikel: „Zur Statistik der Preise" in Danckelmanns Zeitschrift für das Forst= und Jagdwesen, Januar 1887, sind selbstverständlich ganz vergeblich, um einen Prozentsatz dieses Zuwachses für die nächsten 100 Jahre zu bestimmen.

B. Das Weiserprozent des aussetzenden Betriebes. § 13.   33

Aus der von mir gegebenen Darstellung der Methoden von G. Heyer, Kraft und Judeich geht hervor, wie sehr diese 3 Schriftsteller in ihren Ansichten über die Berechnung der Weiserprozente von einander abweichen. Übereinstimmend sind sie, wie schon bemerkt wurde, nur darin, daß man, wenn der Erwerbungspreis des Bodens unbekannt ist, das Maximum des Bodenerwartungswertes zu Grunde legen müsse, welches bekanntlich nicht allein von der Größe des Zinsfußes, sondern auch noch sehr wesentlich davon abhängt, ob die Durchforstungen früher oder später vorgenommen werden.

Das natürlichste und selbstverständlichste ist es, auch nach Ansicht genannter Herren, den Preis anzunehmen, um welchen man den Waldboden erworben hat, oder auch den Preis nach anderen ähnlichen Waldbodenverkäufen abzuschätzen.

Diese Art der Bodenwertsermittelung wird jedoch nur in beschränktem Maße stattfinden können in den Fällen, in welchen es sich um einzelne kleinere Waldparzellen handelt, deren Besitzer weder von finanzieller Umtriebszeit, noch von Weiserprozent je etwas gehört haben. Nur bei größeren, von wissenschaftlich und technisch ausgebildeten Forstmännern bewirtschafteten Waldungen kann das Weiserprozent in Frage kommen. Es wird jedoch wohl kaum jemandem einfallen, den Bodenwert derartiger Waldungen nach einzelnen kleineren Verkäufen bemessen zu wollen.

Die Waldungen der Staaten und Gemeinden sind schon seit unvordenklichen Zeiten in dem Besitze ihrer dermaligen Eigentümer, und man kann mit Sicherheit — einzelne Fälle abgerechnet — annehmen, daß für dieselben nichts bezahlt worden ist. Bei Berechnung der Rentabilität dieser Waldungen, d. h. bei Ermittelung der Prozente, welche die in dieselben niedergelegten Kapitalien abwerfen, ist es mithin vollständig gerechtfertigt, deren Bodenwert = 0 zu setzen. Selbstverständlich würde ganz anders gerechnet werden müssen, wenn es sich darum handelte, den Preis zu ermitteln, um welchen die Waldungen verkauft werden sollen, oder vielmehr verkauft werden können.

Diese beiden sehr wesentlich verschiedenen Fragen werden in unserer sogenannten Waldwertrechnung aber immer verquickt.

Ein Unternehmer, der eine vollständig eingerichtete Fabrikanlage infolge ungünstiger Zeitverhältnisse bedeutend unter dem Preise erstanden hat, welcher von dem Begründer der Fabrik zu deren Einrichtung aufgewendet worden ist, wird seiner Bilanz gewiß nicht diese letzteren Kosten, sondern nur den Ankaufspreis zu Grunde legen.

Ganz ähnlich verhält es sich bei den Waldungen. Da der Waldboden, welcher Holz produziert, jedoch unter allen Umständen einen ge-

wissen Wert hat, so ist die Ansicht, daß derselbe bei der Bilanz berück=
sichtigt werden müsse, auch keineswegs vollständig zu verwerfen. Das
Natürlichste würde sein, zu begutachten, um welchen Preis man den Wald=
boden würde veräußern können. Daß dieses bei größeren zusammenhängen=
den Waldungen, z. B. bei den Waldungen eines größeren Staates, aber
geradezu unmöglich ist, wird man nicht in Abrede stellen können. Ganz
entschieden muß ich mich aber dagegen aussprechen, daß in diesem Falle
das Maximum des Bodenerwartungswertes bei unterstellter möglichst
günstiger Bewirtschaftung als das Bodenkapital angesehen werden müsse,
welches der Eigentümer gleichsam bar in den Boden niedergelegt habe.

Ich beziehe mich bezüglich dieses Punktes auf das von mir in Baurs
Centralblatt, Augustheft 1888, S. 451 und im Februar 1889, S. 82
Gesagte, sowie auf das oben im § 6 von mir hierüber Angeführte. Mit
demselben Rechte kann man auch den Bodenerwartungswert, der sich bei
der Umtriebszeit der größten Waldrente ergiebt, der Rechnung zu Grunde
legen.

Weder der eine, noch der andere Wert kann einem Barkapitale
gleich geachtet werden, welches der Waldeigentümer in seinem Walde
niedergelegt hat.

Welche der dargestellten Methoden verdient aber nun den Vorzug,
wenn es dem Waldeigentümer von Interesse ist, zu erfahren, in welchem
Prozente ein einzelner Bestand fortwächst.

Meiner Ansicht nach ist eine jede derselben so richtig und so un=
richtig, wie die andere.

Um das Weiserprozent nach den dargestellten Methoden der Herren
Bodenreinertragler für einen bestimmten im aussetzenden Betriebe
befindlichen Bestand zu ermitteln, ist vor allen Dingen die Berechnung
des größten Bodenerwartungswertes nach einem willkürlich angenommenen
Zinsfuß erforderlich. Diese Berechnung kann aber nur auf Grund einer,
etwa von 10 zu 10 Jahren abgestuften, für normale Waldzustände be=
rechneten Geldertragstafel ausgeführt werden, und sie ist deshalb auch
nur für in normalem Zustande befindliche Einzelbestände verwendbar.

Um die Weiserprozente für Bestände, welche sich nicht in dem bei
der Ertragstafel unterstellten normalen Zustande befinden, zu berechnen,
ist die Methode mithin vollständig unbrauchbar, und für die im nor=
malen Zustande befindlichen zur Bestimmung des Zeitpunktes, in welchem
der Bestand das unterstellte Wirtschaftsprozent nicht mehr einträgt, gänz=
lich überflüssig. Sie hat nur wissenschaftlich den Wert, um den Gang
des Wirtschaftsprozentes in den einzelnen Altersstufen ungefähr kennen
zu lernen. Bei normalem Waldzustande, welcher der zu Grunde gelegten

D. Das Weiserprozent des aussetzenden Betriebes. § 13.

Ertragstafel, die man zur Ermittelung des Maximums des Bodenwertes benutzt hat, entspricht, stimmen die Weiserprozente der Bestände in dem Alter der sogenannten finanziellen Umtriebszeit, d. h. in dem Alter, in welchem das Maximum des Bodenerwartungswertes eintritt, mit dem willkürlich angenommenen Kalkulationsprozente der Theorie nach überein. Für alle derartigen Bestände ist mithin der Zeitpunkt, in welchem deren Weiserprozent mit dem angenommenen Wirtschaftsprozent übereinstimmt, schon im voraus durch die Bodenwertsberechnung ermittelt, und mithin eine nochmalige Weiserprozentrechnung gänzlich zwecklos.

Bei abnormen Beständen ist die Bestimmung des dermaligen Gebrauchswertes keineswegs kurzerhand festzustellen, sondern verlangt genaue Massen- und Sortimentsermittelung. Hat man dieselbe durchgeführt, so tritt die weitere Frage heran:

Um welchen Betrag wird der betreffende Bestand in den nächsten n (10) Jahren zuwachsen?

Aus einer Ertragstafel kann dieses nicht entnommen werden, und man ist deshalb auf höchst unsichere Zuwachsberechnungen angewiesen.

Die Weiserprozente für die Ertragstafeln I und II fangen niedrig an, steigen bis zu einem gewissen Alter des Bestandes und nehmen von da an ab, so daß sie in den höheren Altersstufen nur höchst unbedeutend sind. Der Theorie nach sollen sie, wie schon bemerkt wurde in dem Holzalter, bei welchem das Maximum des Bodenerwartungswertes eintritt, mit dem Kalkulationsprozente übereinstimmen. Es trifft dieses auch fast genau zu, wie aus nachstehender Zusammenstellung ersichtlich ist.

Judeich'sche Ertragstafel I.

Das Max. Be bei 3 pCt. tritt in dem Alter von 90 Jahren ein.
Weiserprozent nach Judeich Tabelle A, in den Jahren 81—90 = 3,28
„   „   „   „   „   „   „   „   91—100 = 2,50
Das Weiserprozent von 3,0 fällt hiernach in den Zeitraum von 91—100 Jahren.

Weiserprozent nach Bose, Tabelle A k, im Jahre 91 = 2,91.

Ertragstafel II von Pöpel.

Das Max. Be bei 3 pCt. tritt ein in dem Alter von 70 Jahren.
Weiserprozent nach Judeich (Tabelle B) in den Jahren 71—80 = 2,75
„   „   „   „   „   „   „   „   61—70 = 3,12
Daher Weiserprozent von 3,0 zwischen 61 und 70.
Weiserprozent n. d. Methode von Kraft (Tab. C) in d. Jahren 61—70 = 3,1
„   „   „   „   „   „   „   „   71—80 = 2,7
Daher nach Kraft Weiserprozent von 3 pCt. in den Jahren 61—70.

Weiserprozent nach G. Heyer (Tabelle D) im Jahre 61 = 2,97
„   „   Boje („   B) ..   „   60 = 3,00.
Die Weiserprozente des Holzalters, bei welchem der mit 3 pCt. berechnete Bodenerwartungswert seinen höchsten Stand erreicht, weichen nach den vorstehenden Ertragstafeln I und II so wenig von 3 pCt. ab, daß es für die Praxis ganz gleichgiltig ist, ob man bei bestimmtem Rechnungsprozent die sogenannte finanzielle Umtriebszeit nach dem Weiserprozente oder nach dem höchsten Stande des Bodenerwartungswertes bemißt.

Namentlich glaube ich hervorheben zu sollen, daß die von mir angegebene summarische, höchst einfache Methode von den übrigen nicht mehr abweicht, als diese untereinander selbst. Wären in den vorliegenden Beispielen die Weiserprozente und Bodenerwartungswerte von Jahr zu Jahr berechnet worden, so würden wohl beide Methoden nahezu das nämliche Altersjahr als das sogenannte finanziell vorteilhafteste bezeichnen. Warum man in neuerer Zeit fast allgemein das Weiserprozent seitens der Bodenreinerträgler in den Vordergrund schiebt, vermag ich nicht einzusehen.

Professor Dr. Wimmenauer zu Gießen sagt im Aprilhefte des Baurschen Centralblattes von 1889:

„2. Die Reinertragsmethode bedient sich zweier verschiedener Rechnungsmethoden, die ich kurz mit den Ausdrücken „Weiserprozent" und „Bodenerwartungswert" bezeichnen will. Beide befinden sich theoretisch in vollkommener Übereinstimmung. Für die Anwendung in der Praxis aber eignet sich in vielen — wohl den meisten — Fällen nach dem heutigen Stande unseres Wissens nur die erstere, weil sie alle gewagten Spekulationen vermeiden läßt."

Nach dem heutigen Stande des Wissens, wie solches von den Bodenreinerträglern aufgefaßt wird, muß vor allem zuerst das Maximum des Bodenerwartungswertes berechnet werden, weil dasselbe die Hauptgrundlage der Weiserprozentrechnung bildet. Auf die gewiß nicht einfache Bodenwertberechnung, mit welcher man sein Ziel schon erreicht hat, soll nun noch eine viel verwickeltere Weiserprozentrechnung gesetzt werden, mit welcher man an demselben Punkte wieder ankommt. Man wird es von seiten des forstlichen Publikums jedenfalls dankbar anerkennen, wenn Herr Wimmenauer so freundlich sein wollte, seine ausgesprochene Ansicht näher zu motivieren.

Im Gegensatze zu der Ansicht Wimmenauers sagt Judeich — Forsteinrichtung, 4. Aufl. S. 63 — meiner Ansicht nach ganz richtig: „Der einfachste Weg zur Ermittelung des finanziellen Umtriebs ist der der Berechnung des Bodenwertes."

B. Das Weiserprozent des aussetzenden Betriebes. § 13.

Auch Kraft schiebt das Weiserprozent in den Vordergrund, indem er auf S. 37 seiner Beiträge zur forstlichen Statik sagt:

„Das Weiserprozent pflegt als Ausfluß der Reinertragslehre von den Gegnern der letzteren nicht eben mit besonderem Wohlwollen betrachtet zu werden — sehr mit Unrecht, da es gerade das vermittelnde und versöhnende Element zwischen beiden Parteien zu bilden geeignet ist."

Die vergleichende Zusammenstellung der Weiserprozente, welche ich in den später folgenden Tabellen F, G und H § 15 angegeben habe, weist jedoch nach, welche große Kluft bezüglich der Weiser- oder Wirtschaftsprozente zwischen dem aussetzenden und jährlichen Betriebe besteht, sowie daß die Weiserprozentrechnung keineswegs geeignet ist, das versöhnende Element zwischen den beiden sich schroff gegenüberstehenden Wirtschaftssystemen zu bilden, sondern daß durch dieselbe diese Kluft noch erweitert, oder vielmehr erst zur vollen klaren Anschauung gebracht worden ist.

Nach der Pöpelschen Ertragstafel Tabelle G beträgt das Weiserprozent einer normalen Betriebsklasse bei 100jährigem Umtriebe also zur Zeit der größten Waldrente, wenn man als Produktionsfonds das Maximum des Bodenerwartungswertes plus dem Gebrauchswerte des ganzen Normalvorrates dem jährlichen Waldreinertrage gegenüber stellt, immer noch 2,56 pCt., während das Weiserprozent des 101jährigen Bestandes beträgt:

nach Bose . . . 0,80 pCt.
„ Heyer . . 0,59 „

des 101—110jährigen Bestandes
nach Judeich . . 0,85 „
„ Kraft . . . 0,80 „

Soll jedoch nach der Weiserprozentrechnung der Herren Bodenreinerträgler verfahren werden, so dürfte bei einem Kalkulationsprozente von 3 pCt. eine höhere Umtriebszeit, als die 61—70jährige nicht angewendet werden.

Denn das Weiserprozent des 61—70jährigen Bestandes
beträgt nach Bose . . 3,00 pCt.
„ „ Judeich 3,12 „
„ „ Kraft . . 3,10 „
„ „ G. Heyer . 2,97 „

während das Weiserprozent einer normalen Betriebsklasse im 60jährigen Umtriebe sich auf 3,81 beläuft. (Siehe § 15, Tabelle G.)

Der nachhaltige Waldreinertrag pro Hektar beträgt bei einer normalen Betriebsklasse dieser Tafel

Zweites Kapitel. Das forstliche Weiserprozent.

$$\begin{aligned}
\text{bei } (u = 100) &\quad 131{,}3 \, \mathscr{M} \\
\text{„ } (u = 70) &\quad 102{,}2 \text{ „} \\
\text{„ ersterer mehr} &\quad 29{,}1 \, \mathscr{M}.
\end{aligned}$$

Daher jährlicher Mehrertrag der ersteren
bei 10 000 ha = 10 000 × 29,1 = 291 000 $\mathscr{M}$.

Der reine Bodenerwartungswert beträgt pro Hektar

$$\begin{aligned}
\text{bei } (u = 70) &= {}^uBe = 847{,}0 \, \mathscr{M} \\
\text{bei } (u = 100) &= {}^uB = 583{,}0 \text{ „}
\end{aligned}$$

$({}^uBe - {}^uB =)$ bei ersterem mehr . $= 264{,}0 \, \mathscr{M}$

Nach der oben im § 4 schon angeführten und im § 14 näher erläuterten Heyer schen Formel über den jährlichen Verlust, welcher bei dem nachhaltigen Betriebe entstehen soll, wenn man eine andere Umtriebszeit als die des größten Bodenerwartungswertes in Anwendung bringt, berechnet sich nach vorstehendem Beispiele folgendermaßen pro Hektar:

$$\frac{({}^uBe - {}^uB)\,(1{,}03^{100} - 1)}{100}$$

$$\frac{264 \times 18{,}2186}{100} = 48{,}0971 \, \mathscr{M} \text{ pro Hektar.}$$

Daher für 10 000 ha auf 10 000 × 48,0971 = 480 971 $\mathscr{M}$.

In der Wirklichkeit findet jedoch dieser Verlust nicht statt, sondern der Wald liefert im Gegenteile in der Umtriebszeit der größten Waldrente einen jährlichen Mehrertrag von 291 000 $\mathscr{M}$ im Vergleiche zur Umtriebszeit der größten Bodenrente.

Die vorstehende Verlustrechnung ist eine vollständig logische Konsequenz der Bodenreinertragslehre.

Derartige der Wirklichkeit entnommene Beispiele werden dann doch wohl endlich einmal die Ansicht zum Durchbruche bringen, daß die Bodenreinertragstheorie zur Regelung der Wirtschaft in unseren größeren nachhaltigen Waldungen (Staats- und Gemeindewaldungen) **vollständig unbrauchbar ist.**

Bei der Schwappachschen Ertragstafel läßt uns nun aber sowohl das Weiserprozent, als auch der Bodenerwartungswert vollständig im Stich.

Das mit 3 pCt. berechnete Maximum des Bodenerwartungswertes tritt mit dem 10. Altersjahre ein. Das nach meiner Methode unter Anwendung von Max. Be berechnete Weiserprozent (Tabelle E Spalte i) beträgt im 10. Jahre 2,86 pCt. kommt mithin dem Kalkulationsprozente ziemlich nahe.

Das Weiserprozent nach Kraft Formel 1 ist vom 11.—20. Jahre = 1,4 pCt. und fällt bis zur Periode 131—140 auf 0,3 pCt.

C. Weiserprozente des nachhaltigen Betriebes. § 14.

Dasjenige nach Judeich beginnt in der Periode 11—20 mit 2,5 und fällt bis zur Periode 131—140 auf 0,7 pCt.

Zur Bestimmung der sogenannten finanziellen Umtriebszeiten für die in der norddeutschen Tiefebene gelegenen Kiefernwaldungen erscheinen hiernach sowohl die Methode der Bodenerwartungswerte, als auch die Methode der Weiserprozente vollständig unbrauchbar.

C. Weiserprozente des nachhaltigen Betriebes.

§ 14.
Allgemeine Grundsätze, nach welchen die Weiserprozente des nachhaltigen Betriebes zu berechnen sind.

Schon in meinen Beiträgen zur Waldwertberechnung, welche einige Jahre nach Preßlers rationellem Waldwirte im Jahre 1863 — 2 Jahre vor Gust. Heyers Waldwertberechnung, 1. Auflage — erschienen sind, habe ich, anknüpfend an eine von mir mitgeteilte Ertragstafel, mich dahin ausgesprochen, daß bezüglich des Zuwachsprozentes ein sehr wesentlicher Unterschied zwischen dem aussetzenden und jährlichen Betriebe bestehe. Einen Auszug aus dieser Tafel gebe ich nachstehend.

Auszug aus der Tabelle E, Ertragstafel über einen Morgen Buchen-Hochwald der III. Bodenklasse nach Dr. Karl Grebe in den Beiträgen zur Waldwertberechnung von Bose, S. 14 ic.

Holz-alter	Prozent		
	des laufenden jährlichen Zuwachses	des Nachhaltsertrages	
		ohne	mit
		Vorerträge	
		Nutzungsprozente	
a	k	l	m
10	26,2	37,9	37,9
20	11,7	17,1	17,1
30	10,7	12,9	14,2
40	5,4	9,1	10,2
50	3,6	6,5	7,5
60	2,6	5,1	6,0
70	1,7	4,0	4,9
80	1,4	3,3	4,1
90	1,0	2,7	3,5
100	0,8	2,3	3,0
110	0,6	2,0	2,7
120	0,4	1,8	2,3

Zweites Kapitel. Das forstliche Weiserprozent.

Die Spalte k enthält die laufend jährlichen Zuwachsprozente, der Geldwerte der prädominierenden Holzbestände in den betreffenden Jahren. Die Spalten l und m enthalten die Prozente, welche die Normalvorräte nachhaltiger Betriebsklassen, bei den Umtriebszeiten in Spalte a abwerfen, je nachdem man den Nachhaltsertrag mit oder ohne Vornutzungen berechnet.

Auf S. 35 ff. meiner Schrift habe ich wörtlich folgendes gesagt:

„In Spalte l der Tabelle E sind die Nutzungsprozente des Ertrages (des Normalwaldes)*) ohne Vorerträge, und in Spalte m einschließlich der Vorerträge angegeben. Dieselben fallen, wie aus der Tabelle erhellt, viel langsamer, als das jährlich laufende Zuwachsprozent (des einzelnen Bestandes)*). So beträgt z. B. im 100. Jahre und bei 100 jähriger Umtriebszeit des Normalwaldes:

   das Prozent des laufend jährlichen Zuwachses 0,8
   „   „   der Hauptnutzung 2,3
   „   „   des Gesamtertrags 3,0

b. h. der 100 jährige Holzbestand wächst nur um 0,8 pCt. seiner Holzmasse zu, während der Zuwachs der gesamten prädominierenden Holzmasse des Normalwaldes von 100 jährigem Umtriebe an Hauptnutzung 2,3 pCt. und an Gesamtertrag 3 pCt. beträgt.

Dieses auffallende Verhältnis, daß, während das Holz im höheren Alter nur noch ein geringeres Zuwachsprozent besitzt, das Gesamtzuwachs- oder Nutzungsprozent ein viel höheres ist, erläutert sich aus dem oben § 6 unter lit. c ausgesprochenen Satze. Jeder Schlag liefert seinen Jahreszuwachs als Beitrag zur Hauptnutzung, weil es, in Bezug auf das Resultat, ganz einerlei sein würde, ob man wirklich am Ende eines jeden Jahres jeden Schlag durch Entnahme seines Jahreszuwachses gleichsam auf den Stand zu Anfang des Jahres zurückschnitte, vorausgesetzt, daß dieses möglich wäre und hierdurch der Wert, welchen dieser Zuwachs zur Zeit der Haubarkeit erlangt, nicht vermindert würde; oder ob man nur den ältesten Jahresschlag nutzt, auf welchem sich die Zuwachsbeträge der einzelnen Jahre, wenn auch nur von einem und demselben Schlage angesammelt haben; da ja nach Annahme der laufend jährliche Zuwachs für ein und dasselbe Holzalter auf allen Jahresschlägen gleich ist. Die prädominierende Holzmasse eines jeden Jahresschlages wächst mithin nicht nur um das betreffende laufend jährliche Zuwachsprozent zu, sondern sie giebt auch diesen Prozentsatz als Nutzung an den Waldeigentümer ab.

---

*) Die eingeklammerten Wörter habe ich zugesetzt, damit die aus dem Zusammenhange gerissene Stelle nicht mißverstanden wird.

C. Weiserprozente des nachhaltigen Betriebes. § 14.

Man kann deshalb sagen, daß die laufend jährlichen Zuwachsprozente der prädominierenden Holzmassen der einzelnen Jahresschläge zugleich auch deren Nutzungsprozente in den betreffenden Jahren sind."*)

"So wächst z. B. nach Tabelle E der 20jährige Schlag bis zum 21. Jahre nicht allein um 11,7 pCt. seiner Holzmasse zu, sondern er verzinst sein Holzkapital auch um diesen Prozentsatz, weil 11,7 pCt. seiner Holzmasse als sein Beitrag zur Holzmasse des ältesten haubaren Schlages anzusehen sind. Die Nutzungsprozente der Hauptnutzung (in Beziehung auf den Normalvorrat des ganzen Waldes) sind mithin weiter nichts, als die geometrischen Durchschnittserträge der laufend jährlichen Zuwachsprozente während der ganzen Umtriebszeit: sie müssen mithin, da letztere anfangs sehr hoch sind, jedoch mit zunehmendem Holzalter ziemlich rasch abnehmen, immer bedeutend höher als dieselben sein."

Dann habe ich weiter auf Seite 107 § 14 gesagt:

"In dem § 10 ist nachgewiesen worden, in welcher Weise die Jahresrente einer im aussetzenden Betriebe befindlichen Waldparzelle nach den strengsten Regeln der Rentenrechnung berechnet werden muß. Der Besitzer einer derartigen Parzelle wird jedoch seine wirkliche Jahreseinnahme um den Betrag dieser nur auf dem Papiere stehenden Rente nicht erhöhen, sondern er wird im Gegenteile, oft noch auf lange Jahre hin, die jährlichen Ausgaben für Verwaltung rc. zu bestreiten haben. Die berechnete Rente ist deshalb für seine Kasse, wie ich schon in § 10 bemerkt habe, eine reine imaginäre Größe.

Man könnte allerdings hiergegen einwenden, "der Waldbesitzer brauche ja nur seinen Wald gegen den berechneten wirtschaftlichen Wert zu verkaufen, so werde ihm das erhaltene Kapital die berechnete Jahresrente abwerfen. Derselbe würde jedoch in diesem Falle aufhören Waldbesitzer zu sein, und der an seine Stelle getretene Käufer würde ebensowenig als der erstere im stande sein, die Jahresrente direkt aus dem Walde auch wirklich jährlich zu beziehen, sondern er würde den Wald nur benutzen können, um nach und nach ein bestimmtes Kapital in demselben für die Zukunft anzusammeln.

Werden die einzelnen Parzellen (Jahresschläge) jedoch in der Hand Eines Eigentümers zu einem nachhaltigen Betriebsverbande mit vollkommen normaler Alters-Abstufung zusammengefügt, so steht die für jede Parzelle berechnete Jahresrente nicht bloß auf dem Papiere, sondern sie wird dem

---
*) S. 14 der Beiträge. In der Tabelle daselbst sind die Holzgehalte der verschiedenen Altersstufen auf den Wert des Buchenscheitholzes reduziert, mithin mit den Wertsbeträgen in Ansatz gebracht, welche sie im Falle des Abtriebes haben würden.

Waldeigentümer auch wirklich ausbezahlt, weil alsdann die bar eingehende Gesamtwaldrente gleich ist der Summe der Renten der einzelnen Jahresschläge. Auf diesem sehr wesentlichen Umstande beruht der große Unterschied zwischen der Rentabilität des aussetzenden und des nachhaltigen Betriebes, wie wir später sehen werden."

Es versteht sich ja ganz von selbst, daß eine Waldfläche von z. B. 10000 ha, die in 100 Schlägen mit normaler Altersabstufung von Jahr zu Jahr bestockt ist, jährlich in ihrer Gesamtheit ganz den nämlichen Ertrag liefert, gleichviel ob dieselbe sich in der Hand nur Eines Eigentümers befindet, oder ob jeder Schlag einem besonderen Eigentümer angehört. Gesetzt, diese Eigentümer wären 100 über ganz Deutschland von der Nordsee bis zum Bodensee zerstreute Gemeinden. Was würde es dann einer Gemeinde in Süddeutschland, welche ihren Wald erst kultiviert hat, nützen, daß die Einnahmen, welche die 100 Gemeinden zusammen jährlich beziehen, dem nachhaltigen Jahresertrage der 10000 ha entspricht? Die Jahresrenten, welche für die einzelnen Gemeinden aus ihrem Waldbesitze berechnet werden, existieren in Wirklichkeit nicht und sind für deren Kassen nur gänzlich wertlose Rechnungsausdrücke, oder Phantome. Eine jede Gemeinde muß alljährlich die Verwaltungskosten bezahlen und dann warten, bis die Einnahmen in einzelnen Posten nach längeren Zwischenräumen eintreten. Befinden sich die 10000 ha jedoch in einer Hand, so sind die für jeden Jahresschlag berechneten Jahresrenten für die Einnahmen des Eigentümers keine Phantome mehr, sondern sie fließen als bare Münze in dessen Kasse. Eine jede Betriebsklasse, welche Einem Eigentümer gehört, oder auch einem Konsortium, kann man nur als ein in sich geschlossenes Ganzes betrachten, welches aus einzelnen Teilen zusammengesetzt ist, deren Kapitalwerte sehr verschiedene Zinsen abwerfen. Eine besondere Geldrechnung über jeden einzelnen Teil oder Holzbestand zu führen ist, bei nur einigermaßen ausgedehntem Waldbesitze, ganz unthunlich und deshalb auch noch nie ausgeführt worden. Und dennoch ist schon von Preßler und später auch von anderen der Vorschlag gemacht worden, daß für jeden Holzbestand ein besonderes Conto angelegt werden müsse, in welches von der Begründung des Bestandes an bis zur Haubarkeit jede Geldeinnahme und Ausgabe, die derselbe veranlaßt hat, nebst ihren Nachwerten verbucht werden müsse, um hierdurch das Trugbilde des Waldreinertrages zu zerstören. Kraft sagt in Danckelmanns Zeitschrift für das Forst- und Jagdwesen vom März 1887, S. 142, folgendes:

„Bei sinngemäßer, die Eigentümlichkeiten des forstlichen Gewerbes berücksichtigender Anwendung der kaufmännischen Buchführung auf die

C. Weiserprozente des nachhaltigen Betriebes. § 14.

Forstwirtschaft müßte zweckmäßigerweise jede selbständige Wirtschaftsfigur (Distrikt und Jagen, bezw. Abteilung) ihr besonderes Conto haben und auf diesem einerseits das auf ihr lastende Debet (Kulturkosten, Verwaltungskostenanteil 2c. mit Zinsvergütung, Verkaufswert der Bestände 2c.) gebucht werden. Beim Abtriebe des betreffenden Bestandes würde dann konstatiert werden, wie die fragliche Wirtschaftseinheit gearbeitet hat, bei welchen Abteilungen z. B. die Nachwerte der aufgewandten Kosten durch die Erträge nicht genügend ausgeglichen sind 2c. Bei der Durchführung einer solchen Balanzierung würde sich dann zeigen, daß nur die nach den Grundsätzen der Reinertragslehre behandelten Bestände die Probe bestehen, wogegen alle übrigen eine Verlustwirtschaft offenbaren würden."

Der Verwalter von 4—5000 ha Wald mag sich hiernach ein Bild seiner Buchführung entwerfen. Der von Kraft gemachte Vorschlag beruht auf dem allgemein in der forstlichen Reinertragslehre geltenden Grundsatze, daß ein jeder dem Walde abgewirtschafteter Geldbetrag mit Zinseszinsen bis zum Abtriebe des Bestandes fortwächst, und in gleicher Weise der Betrag einer jeden Ausgabe, wenn sie nicht stattgefunden hätte, mit Zinseszinsen während des Umtriebes zu einem Barkapitale angewachsen sein würde.

Auf dieser letzteren Annahme beruht die vielfach ausgesprochene Ansicht, daß man kein Grundstück, wenn dasselbe auch zu keiner anderen Kultur, als zu Wald tauglich sei, zu Wald anlegen solle, wenn dessen Bodenerwartungswert für die Umtriebszeit der Nutzbarkeit des Holzes ein negativer sei, weil ja die für die Waldkultur nötigen Kosten in dieser Zeit zu einem höheren Kapitale angewachsen sein würden, als der Wert des erzogenen Holzes beträgt. Man unterstellt mithin, daß der Waldeigentümer bei Unterlassung der Kultur jedenfalls die betreffenden Kosten auf Zinseszinsen gelegt haben würde, und daß von seinen Nachkommen das betreffende Kapital so verwaltet werden würde, daß es nach etwa 100 Jahren sich nach dem bekannten $1{,}0p^{100}$ vermehrt haben würde.

Es ist dieses gerade so wahrscheinlich, als wenn ich sagen wollte: Wenn mein Urgroßvater vor 100 Jahren nicht einmal 1000 ℳ verloren habe, so würde ich jetzt ein Vermögen von

$$1000 \times 1{,}03^{100} = 1000 \times 19{,}223 = 19\,218 \, \mathscr{M}$$

besitzen.

Man wendet mithin die Grundsätze einer Geldbank auf unsere Waldwirtschaft an, und die Herren Bodenreinertragler würden vollkommen recht haben, wenn die dem Walde abgewirtschafteten Geldbeträge unter allen Umständen auch sofort mit Zinseszinsen sich vermehrten, wie ein Betrag, den man in eine Sparkasse eingelegt hat.

44 Zweites Kapitel. Das forstliche Weiserprozent.

Die Waldwirtschaft erzeugt jedoch einen Gegenstand des täglichen Verbrauches, dessen Geldwert nichts weniger, als auf Zinseszinsen gelegt wird. Mag man durch die angedeutete Buchführung auch noch so große Geldverluste herausrechnen, so bestehen dieselben doch nur auf dem Papiere und sind mithin nur Phantasiegebilde. Man wird durch alle diese Rechnungen die Thatsache nicht wegrechnen können, daß die Hochwaldungen der deutschen Staaten bei den Umtriebszeiten der größten Waldrenten ein Plus von 46 Mill. Mark gegenüber den Umtriebszeiten der größten Bodenwerte jährlich rein in die Kassen liefern, wenn dieselben in der Weise bestanden sind, wie ich in Baurs Centralblatt vom August 1888, S. 445, Tabelle D angenommen habe. Die Herren Bodenreinerträgler berechnen jedoch bei diesen Waldungen für die Umtriebszeiten der höchsten Waldrenten nach G. Heyer einen Verlust von jährlich 106 461 298 ℳ. (Man vergl. Baurs Centralblatt vom November 1886, S. 557 und vom Februar 1889, S. 91). In den §§ 4 u. 13 dieser Schrift habe ich noch weitere Beispiele dieser angeblichen Verlustwirtschaft gegeben.

Für diejenigen, welche nicht im Besitze von Baurs Centralblatt sind, füge ich die genannten beiden Tabellen hier an.

Aus Baur's Centralblatt vom August 1888, S. 445:

Tabelle D. Waldreinerträge der Deutschen Staatswaldungen bei den Umtriebszeiten der größten Waldrenten und der größten Bodenrenten.

Holzarten	Größe der Staatswaldflächen ha	Jährlicher Waldreinertrag bei u der größten Waldrente resp. des größten Durchschnittsertrages		Jährlicher Waldreinertrag bei u der größten Bodenrente		Unterschiede der beiden Waldernträge ℳ
		u Jahre	pro Hektar ℳ	im ganzen ℳ	u Jahre	pro Hektar ℳ	im ganzen ℳ	
Buche	6683173	120	25,31	182252247	70	17,00	113625342	68600825
Kiefer	1936918	90	17,81	34500050	70	12,17	23572832	10927218
Fichte	10277667	100	12,91	110023030	60	85,25	87600087	28412253..3
Summe	36289858	—	—	326875907	—	—	190642261	47237646

C. Weiserprozente des nachhaltigen Betriebes. § 14.

Aus Baurs Centralblatt vom November 1886, S. 557:

Tabelle C. Über den Verlust, der in den deutschen Staatswaldungen durch Einhaltung der Umtriebszeiten der größten Waldrenten gegenüber den Umtriebszeiten der größten Bodenrenten entstehen soll, mit Einfügung der Bodenwerte.

Holzarten	Größe der Staatswaldflächen	Umtriebszeit der größten Bodenrente		Umtriebszeit der größten Waldrente		Jährlicher Verlust bei Einhaltung von u der größten Waldrente im Vergleich zu u der größten Bodenrente	
		u Jahre	Bodenerwartungswerte pro Hektar	u Jahre	Bodenerwartungswerte pro Hektar	pro Hektar	im ganzen
	ha		ℳ		ℳ		ℳ
Buche ..	668373	70	85,36	120	16,64	19,30	12899599
Kiefer ..	1936918	70	362,56	90	267,94	13,98	27078114
Fichte ..	1027567	60	986,59	100	631,48	64,70	66483585
Summe	3632858						106461298

Die Bodenerwartungswerte sind rein exkl. V angegeben.

Gustav Heyer geht von dem Grundsatze aus, daß der Bodenerwartungswert irgend einer Umtriebszeit einem gegenwärtig vorhandenen Barkapitale gleich zu achten sei, welches unter allen Umständen gleichsam von selbst mit Zinseszinsen zuwächst. Wer seinen Wald in der Umtriebszeit der größten Waldrente mit dem Bodenwerte ^uB pro Hektar bewirtschaftet, hat mithin demjenigen gegenüber, welcher mit der Umtriebszeit u und dem Bodenwerte ^uBe pro Hektar wirtschaftet, einen Kapitalverlust von ($^uBe - {^uB}$) pro Hektar.

Die Zinsen dieses Verlustes wachsen in u Jahren an auf den Betrag von
$$(^uBe - {^uB})(1,0p^u - 1).$$

Der Verlust pro Jahr und Hektar beträgt mithin
$$\frac{(^uBe - {^uB})(1,0p^u - 1)}{u}.$$

Für die Kiefer ist nach der vorstehenden Tabelle und dem aus G. Heyers Waldwertrechnung, S. 162, entnommenen Zahlenbeispiele
$^uBe = 362,56$ ℳ
$^uB = 267,94$
$u = 90$
$(1,03^{90} - 1) = 13,3$.

46 Zweites Kapitel. Das forſtliche Weiſerprozent.

daher Verluſt pro Jahr und Hektar, wie in vorſtehender Tabelle
$$\frac{(362{,}56 - 267{,}94)(13{,}3)}{90} = 13{,}98,$$
Verluſt der Kiefer $= 1\,936\,918 \times 13{,}98 = 27\,078\,114$.

Sehr ausführlich habe ich dieſen Gegenſtand in Baurs Centralblatt vom Februar 1889, S. 73 ff. in dem Artikel: „Betrachtungen über den Unternehmergewinn und Vervollſtändigung des Artikels im Auguſthefte 1888 über die Prozente, welche die in den Hochwaldungen des deutſchen Reiches niedergelegten Kapitalien abwerfen," behandelt.

Das einzig für eine Geldrechnung durchführbar Mögliche iſt es, alle Einnahmen und Ausgaben nach den bekannten Rubriken — Kulturkoſten ꝛc. —, welche für den Waldkomplex im ganzen gemacht worden ſind, zu verbuchen und am Schluſſe des Jahres den der Kaſſe verbleibenden Barvorrat durch Abzug der Ausgaben von den Einnahmen zu berechnen.

Verfährt man in dieſer Weiſe, ſo befindet ſich der Waldeigentümer bei der Umtriebszeit am wohlſten, bei welcher dieſer Überſchuß am größten iſt. Sämtliche Forſtrechnungen der deutſchen Staaten und Gemeinden werden auch in dieſer Weiſe geführt und können der Natur der Sache nach gar nicht anders geführt werden. Die Spezialkontos der einzelnen Holzbeſtände werden hieran nichts ändern können, und würden als eine gänzlich unnötige, eine Unſumme von Arbeit verurſachende Rechnerei nebenherlaufen. Die ohnehin ſchon weit mehr als gut, durch Schreiberei belaſteten Wirtſchaftsbeamten würden hierdurch dem Walde noch mehr entzogen werden.

Ich weiß recht gut, daß man gegen meine Äußerung, derjenige Waldeigentümer würde ſich am wohlſten fühlen, bei welchem der erwähnte Überſchuß am größten iſt, einwenden wird, daß derjenige das größte Einkommen aus ſeinem Walde beziehen würde, welcher die Beſtände, die das angenommene Wirtſchaftsprozent nicht mehr liefern, herunterhaut und den Erlös auf Zinſen legt. Gegen dieſe bekannte Einwendung habe ich mich ſchon mehrfach ganz entſchieden ausgeſprochen, weshalb ich dieſen Punkt hier nur nebenbei berühre.

Man vergleiche Centralblatt von Baur, Auguſt 1888, S. 474, ſowie den Schluß von § 17 und den § 18 dieſer Schrift.

Der erwähnte Überſchuß oder Waldreinertrag $= \mathrm{R}$ bildet die Zinſen des reinen Bodenwertes $= \mathrm{B}$, und (bei normalem Zuſtande) des Normalvorrats $= \mathrm{NV}$.

Es iſt daher immer $(\mathrm{B} + \mathrm{NV})\,0{,}0\mathrm{p} = \mathrm{R}$.

Um nun die Größe von p, d. h. das Wirtſchafts- oder Weiſerprozent des nachhaltigen Betriebes zu finden, ſind der Bodenwert und der Wert des NV zu veranſchlagen.

C. Weiserprozente des nachhaltigen Betriebes. § 15.   47

Die Herren Bodenreinerträgler verlangen, daß bei Berechnung des Weiserprozentes für den isolierten Bestand das Maximum des Bruttobodenerwartungswertes (einschließlich des Verwaltungskapitales V) und mit Ausnahme G. Heyers der Gebrauchswert des Einzelbestandes, dessen Weiserprozent berechnet werden soll, der Rechnung zu Grunde gelegt werden müsse. Ein besonderes Weiserprozent für den Nachhaltswald geben dieselben nicht zu. Welche höchst verschiedenen Ansichten über die Ermittelung des Wertes des XV bestehen, habe ich im Augustheste von 1888 des Centralblattes von Baur, S. 460, erörtert. Die meiner Ansicht nach allein richtige Art dieser Ermittelung habe ich in den nachstehenden Paragraphen beschrieben.

§ 15.

Berechnung der Weiserprozente des nachhaltigen Betriebes und deren Vergleichung mit den Weiserprozenten des aussetzenden Betriebes, unter Annahme der gegenwärtigen Gebrauchswerte der Holzbestände und der Maxima der Bodenerwartungswerte.

(Siehe die Tabellen F, G und H auf S. 48, 49 und 50.)

In den nachstehenden Tabellen F, G und H habe ich für die 3 Ertragstafeln I, II und III die Weiserprozente des nachhaltigen und des aussetzenden Betriebes aus den früheren Tabellen und Tafeln zusammengestellt und zum Teil berechnet, und will ich bezüglich der in den Spalten h der nachstehenden Tabellen eingetragenen Wirtschafts- oder Weiserprozente nur besonders darauf aufmerksam machen, daß dieselben für Wirtschaftsganze, deren Umtriebszeiten und Größen in Hektaren den in Spalte a eingetragenen Zahlen entsprechen, in folgender Weise berechnet worden sind.

Als die jährlichen reinen Einnahmen aus den Wirtschaftsganzen wurden die in den Spalten b eingetragenen Waldreinerträge — Roherträge nach Abzug aller jährlichen Kosten — und als Produktionsaufwands-Kapital das Maximum des reinen Bodenwertes plus dem Gebrauchswerte des Normalvorrates angenommen, der Bodenbruttowert (B + V) konnte nicht wie bei Berechnung des Weiserprozentes für den aussetzenden Betrieb in Ansatz kommen, weil die jährlichen Ausgaben für Verwaltung und Steuern = v, schon bei Ermittelung des Waldreinertrages in Abzug gebracht worden sind.

In den Spalten i, k, l und m der Tabellen wurden die Weiserprozente des aussetzenden Betriebes nochmals eingetragen, um deren Vergleichung mit den Prozenten des jährlichen Betriebes zu erleichtern. Die Tafeln und Tabellen, aus welchen die Ansätze in den Tabellen F, G und H

48   Zweites Kapitel. Das forstliche Weiserprozent.

Tabelle F. Weiserprozente des nachhaltigen und des aussetzenden Betriebes nach der Judeich'schen Wertertragstafel 1.

	Nachhaltiger Betrieb						Aussetzender Betrieb			
a	b	c	d	e	f	g	h	i	j	k
Umtriebszeit u	Tafel I Spalte m C für die limitirte Jährlicher Waldreinertrag pro Hektar exkl. V. u.	Tafel I Spalte k Gebrauchswert des XV pro Hektar und Abzug des Bauerlohns	Tafel I Spalte k Der Waldreichertrag beträgt Prozent des XV	Tafel I Spalte n Der jährliche Waldreinertrag beträgt Prozent des XV	Tafel I Spalte q Max. des reinen Betrages (n = 90) exkl. V. pro Hektar p = g	Summe des reinen Wal. Be + XV in Spalte c c + f	Der jährliche Waldreinertrag beträgt Prozent der Summe in Spalte g $\frac{100 \cdot b}{g}$	Tabelle A Spalte d nach Judeich Formel II	in den Jahren / Prozent	Tabelle A Spalte k nach Bose mit Bodenbruttowert Be + V = 212,17 / in Jahren / Prozent
Jahre	Gulden		Prozente		Gulden		Prozente			
20	− 2,46	6,50	29,57	− 35,65	142,17	149,07	− 1,65	21−30 / 4,157	21	4,58
30	+ 2,02	34,08	17,66	+ 5,93	142,17	176,25	+ 1,15	31−40 / 5,039	31	5,67
40	7,23	90,94	12,07	7,95	142,17	233,11	3,10	41−50 / 3,758	41	3,62
50	10,70	171,82	8,38	6,28	142,17	313,99	3,41	51−60 / 3,779	51	3,70
60	14,96	272,08	6,78	5,50	142,17	414,25	3,61	61−70 / 3,832	61	3,95
70	20,12	399,43	5,90	5,01	142,17	541,60	3,72	71−80 / 3,376	71	3,63
80	25,41	560,19	5,14	4,54	142,17	702,36	3,62	81−90 / 3,286	81	3,68
90	31,89	765,70	4,60	4,17	142,17	907,87	3,51	91−100 / 2,582	91	2,91
100	37,45	1017,08	4,00	3,68	142,17	1159,25	3,23			

C. Weiserprozente des nachhaltigen Betriebes. § 15.

Tabelle G. Weiserprozente des nachhaltigen und aussetzenden Betriebes nach der Pöpelschen Ertragstafel II.

a	Nachhaltiger Betrieb							Aussetzender Betrieb							
	b	c	d	e	f	g	h	i		k		l		m	
	Tafel I Spalte c	Tafel II Spalte f	Tafel II Spalte i	Tafel II Spalte S	Tafel II Spalte O		100·b/g	Tabelle I' Spalte k		Tabelle B Spalte d		Tabelle C Spalte i		Tabelle D Spalte h	
	Jährlicher Walderntetrag für u in Spalte c, V u. c pro Hektar extl.	Haubarkeits-Gebrauchswert des XV pro Hektar nach Abzug des c	Der Walderntetrag beträgt Prozente des XV	Der jährliche Walderntetrag beträgt Prozente des N. V.	Max. Be bei u = 70 extl. V pro Hektar p = 3	Summe des Max. Be + NV in Spalte c	Der jährliche Walderntetrag beträgt Prozente der Summe in Spalte g	nach Bose mit Boden-Bruttowert $B_o + V = 1167$		nach Judeich Formel II von 10 zu 10 Jahren		nach Kraft Formel I von 10 zu 10 Jahren		nach Gustav Heyer	
Umtriebszeit u				Prozente			Prozente	im Jahre	Prozente	in den Jahren	Prozente	in den Jahren	Prozente	im Jahre	Prozente
Jahre	ℳ	ℳ	Prozente		ℳ	ℳ									
20	3,4	70	22,1	4,86	847	917	0,37	21	3,08	21—30	3,17	21—30	3,7	21	2,07
30	17,0	218	13,0	7,80	847	1065	1,60	31	4,38	31—40	4,35	31—40	5,8	31	2,95
40	34,8	450	10,0	7,73	847	1297	2,68	41	5,52	41—50	4,84	41—50	6,0	41	4,11
50	59,7	820	8,5	7,28	847	1667	3,57	51	4,38	51—60	4,16	51—60	4,5	51	3,90
60	83,8	1350	7,0	6,21	847	2197	3,81	61	3,00	61—70	3,12	61—70	3,1	61	2,97
70	**102,2**	1996	5,6	5,12	847	2813	3,59	71	2,65	71—80	2,75	71—80	2,7	71	**2,44**
80	119,5	2729	4,8	4,39	847	3576	3,35	81	**1,68**	81—90	**1,84**	81—90	1,8	81	1,64
90	**129,1**	3516	4,0	3,67	847	4363	2,96	91	1,00	91—100	1,26	91—100	1,1	91	0,87
100	**131,3**	4292	3,3	**3,06**	847	5139	2,56	101	**0,80**	101—110	**0,85**	101—110	**0,8**	101	**0,59**
110	131,2	5030	2,8	2,61	847	5877	2,23	111	0,71	111—120	0,63	111—120	0,6	111	0,43
120	130,0	5732	2,4	2,27	847	6579	1,97								

Bose, Das forstliche Weiserprozent.

Zweites Kapitel. Das forstliche Weiserprozent.

Tabelle II. Weiserprozente des nachhaltigen und aussetzenden Betriebes nach der Schwappachschen Ertragstafel III für Kiefern der norddeutschen Tiefebene. Bonität I.

		Nachhaltiger Betrieb						Aussetzender Betrieb		
a	b	c	i	u	l	g	h	i	k	m
Umtriebszeit u Jahre	Jährl. Waldreinertrag pro Hektar extl. V + c für u in Spalte a (Tafel III Spalte l)	Gebrauchswert des NV pro Hektar nach Abzug des Hauerlohns (Tafel III Spalte f)	Der Waldrohertrag beträgt Prozente des NV (Tafel III Spalte i)	Der jährliche Waldreinertrag beträgt Prozente des NV (Tafel III Spalte u)	Max. Be bei u = 10 extl. V pro Hektar p = 3 (Tafel III Spalte c)	Summe des Max. Be + NV in Spalte c c + f	Der jährliche Waldreinertrag beträgt Prozente der Summe in Spalte g 100 . b (Tabelle E Spalte i)	nach Bose mit Bodenbruttowert Be + V = 1765 (Tabelle E Spalte k) Proz. Jahre	nach Kraft Formel 2 von 10 zu 10 Jahren (Tabelle E Spalte l) Proz. Jahre	nach Kraft Formel 1 von 10 zu 10 Jahren nach Judeich Formel II von 10 zu 10 Jahren (Tabelle E Spalte m) Proz. Jahre
10	58,3	318,6	22,2	18,3	1598	1916,6	3,04	2,86 11	— 0,28 11—20	2,5 11—20
20	62,1	672,3	10,5	9,2	1598	2270,3	2,73	2,22 21	+ 0,86 21—30	2,3 21—30
30	65,6	1026,1	7,2	6,5	1598	2624,1	2,54	1,39 31	0,51 31—40	1,7 31—40
40	66,8	1365,3	5,4	4,9	1598	2963,3	2,26	1,55 41	0,81 41—50	1,7 41—50
50	70,1	1694,7	4,5	4,1	1598	3292,7	2,13	1,63 51	1,14 51—60	1,9 51—60
60	75,4	2040,6	4,0	3,7	1598	3638,6	2,07	1,33 61	1,05 61—70	1,6 61—70
70	79,1	2408,7	3,3	3,3	1598	4006,7	1,97	1,32 71	0,96 71—80	1,5 71—80
80	82,4	2794,9	3,2	2,9	1598	4392,9	1,87	1,20 81	0,92 81—90	1,4 81—90
90	85,9	3202,1	2,9	2,7	1598	4800,1	1,79	1,09 91	0,85 91—100	1,3 91—100
100	88,8	3631,7	2,6	2,4	1598	5229,7	1,70	1,09 101	0,7 101—110	1,1 101—110
110	91,1	4079,9	2,4	2,2	1598	5677,9	1,60	0,87 111	0,5 111—120	0,9 111—120
120	92,0	4538,3	2,2	2,0	1598	6136,3	1,50	0,73 121	0,4 121—130	0,9 121—130
130	92,0	4996,6	1,9	1,8	1598	6594,6	1,39	0,57 131	0,3 131—140	0,5 131—140
140	91,9	5451,0	1,8	1,7	1598	7049,0	1,30			

C. Weiserprozente des nachhaltigen Betriebes. § 15.

entnommen sind, wurden in der dritten Horizontalspalte angegeben. Dieselben bedürfen einer weiteren Erläuterung nicht, und beschränke ich mich deshalb nur auf Hervorhebung einiger Punkte.

Für die Judeich'sche Ertragstafel betragen bei der Umtriebszeit der größten Waldrente des nachhaltigen Betriebes und zwar bei u = 100. Tabelle F

der Waldrohertrag Prozente des NV 4,00
der Waldreinertrag Prozente des NV 3,68
der Waldreinertrag Prozente des (NV + Max. Be) . 3,23.

Die Weiserprozente des aussetzenden Betriebes betragen
für den 91jährigen Bestand nach Boje . . . 2,91
für die Periode von 91—100 nach Judeich . 2,58.

Für die Pöpel'sche Ertragstafel betragen bei der Umtriebszeit der größten Waldrente des nachhaltigen Betriebes bei u = 100. Tabelle G

der Waldrohertrag Prozente des NV   3,30
der Waldreinertrag Prozente des NV 3,06
der Waldreinertrag Prozente des (NV + Max. Be) . 2,56.

Die Weiserprozente des aussetzenden Betriebes betragen
für den 101jährigen Bestand nach Boje 0,80
für die Periode von 101—110 nach Judeich 0,85
„   „   „   „   „   „   Kraft (Form. 1) . . . 0,80
für den 101jährigen Bestand nach G. Heyer . . . . . . 0,59.

Für die Schwappach'sche Ertragstafel betragen bei der Umtriebszeit der größten Waldrente des nachhaltigen Betriebes bei u = 120. Tabelle H

der Waldrohertrag Prozente des NV   2,2
der Waldreinertrag Prozente des NV 2,0
der Waldreinertrag Prozente des (NV + Max. Be) . 1,5.

Die Weiserprozente des aussetzenden Betriebes betragen
für den 121jährigen Bestand nach Boje 0,73
„   „   „   „   „   Kraft (Form. 2) . . . 0,38
für die Periode von (121—130) nach Kraft (Form. 1) . . 0,40
„   „   „   „   „   Judeich (Form. 2) . 0,80.

Es ist hieraus ersichtlich, welch' großer Unterschied zwischen dem Weiserprozente einer ganzen nachhaltigen Betriebsklasse, die in der Umtriebszeit der größten Waldrente bewirtschaftet wird, und dem Weiserprozente des Einzelbestandes, welcher diese Umtriebszeit erreicht hat, besteht. Es bedarf wahrlich keines besonderen Beweises, daß das erstere immer größer als das letztere sein muß. Nur bei der Judeich'schen

52 Zweites Kapitel. Das forstliche Weiserprozent.

Ertragstafel tritt dieser Unterschied nicht so stark hervor. Es mag dieses daher kommen, daß diese Tafel nicht der Wirklichkeit entnommen, sondern als Lehrbeispiel konstruiert worden zu sein scheint.

§ 16.

Weiserprozente des nachhaltigen Betriebes unter Anwendung der Gebrauchswerte der Holzbestände und verschiedener Bodenwerte.

Bei den im vorigen Paragraph ausgeführten Rechnungen wurden die Maxima der Bodenerwartungswerte und die Gebrauchswerte der Materialvorräte zu Grunde gelegt; — nämlich diejenigen Werte, für welche jeder einzelne Festmeter würde verkauft werden können, wenn die zu Markt gebrachte Holzmasse den seitherigen Einschlag, bei welchem sich der Tauschwert gebildet hat, nicht übersteigt.

Daß bei den von unseren Vorfahren mit dem nötigen Holzvorrate ererbten Waldungen die Annahme:

„die Rechnung müsse so geführt werden, als wenn wir die Maxima der Bodenerwartungswerte gleichsam bar in dem Boden niedergelegt hätten."

eine durchaus verfehlte und wissenschaftlich nicht zu recht-

C. Weiserprozente des nachhaltigen Betriebes. § 16.   53

Tabelle K. Wirtschaftsprozente (Weiserprozente) für im nachhaltigen Normalzustande befindliche Betriebsklassen von Fichten, nach der von Oberförster Döpel in Reichstein mitgeteilten Ertragstafel (Forst- u. Jagd-Zeit. März 1888, S. 88) unter Annahme verschiedener Bodenwerte und verschiedener Werte des Normalvorrates = NV.

a	b	c	d	e	f	g	k	h
Bezeichnung der den Rechnungen zu Grunde gelegten Bodenwerte	u	Wr rein	reiner B p = 3	Gebrauchswert des NV	Wirtschaftsprozent	Gegenwärtiger Wert des NV, dessen Nutzung in $\frac{u}{2}$ Jahren erfolgt. Mit 3 pCt. auf die Gegenwart diskontierter Gebrauchswert desselben		Wirtschaftsprozent
	Jahre	Mark pro Hektar				Mark pro Hektar		
Umtriebszeit u der größten Waldrente = 100 Jahre								
1. Erwerbungskosten B = 0	100	131,3	—	4292	3,06	4292 × 0,515 =	2210	5,94
2. Be bei u der größten Waldrente .	100	131,3	583	4292	2,70		2210	4,70
3. Be bei u der größten Bodenrente .	100	131,3	847	4292	2,55		2210	4,29
Umtriebszeit u der größten Bodenrente = 70 Jahre								
4. Erwerbungskosten B = 0	70	102,2	—	1996	5,12	1996 × 0,613 =	1223	8,35
5. Be bei u der größten Bodenrente .	70	102,2	847	1996	3,60		1223	4,93
Umtriebszeit 120 Jahre								
6. Erwerbungskosten B = 0	120	130,0	—	5732	2,27	5732 × 0,46 =	2637	4,92
7. Be bei u der größten Waldrente .	120	130,0	583	5732	2,06		2637	4,03
8. Be bei u der größten Bodenrente .	120	130,0	847	5732	1,97		2637	3,73
9. Be bei u = 120 Jahre	120	130,0	359	5732	2,13		2637	4,33

fertigende sei, habe ich auf S. 451 des Augustheftes von 1888 und auf S. 84 des Februarheftes von 1889 des Baurschen Centralblattes ausführlich nachgewiesen und oben im § 6 auch kurz begründet.

Die Erwerbungskosten des Bodens sind bei diesen Waldungen gleich Null. Will man jedoch einen Bodenwert in Ansatz bringen, so kann man mit demselben Rechte, wie das Maximum des Bodenerwartungswertes auch den Bodenerwartungswert der Umtriebszeit der größten Waldrente annehmen.

(Siehe die Tab. J, K und L auf S. 52, 53 und 54.)

In den Tabellen J, K und L habe ich in den Spalten a bis f die Weiserprozente des nachhaltigen Betriebes für einen jeden dieser 3 Bodenwerte und mit Anwendung der Gebrauchswerte der

Zweites Kapitel. Das forstliche Weiserprozent.

Tabelle L. Wirtschafts- resp. Weiserprozente für im nachhaltigen Normalzustande befindliche Betriebsklassen für 1 ha **Kiefern**, Bonität I, nach der Gelderertragstafel von Schwappach in dessen Schrift über Wachstum und Ertrag normaler Kiefernbestände in der norddeutschen Tiefebene, S. 66, unter Zunahme verschiedener Bodenwerte und verschiedener Werte des NV.

a	b	c	d	e	f	g	h
Bezeichnung der den Rechnungen zu Grunde gelegten Bodenwerte B	u Jahre	Wr rein p = 3	reiner B wert des NV	Gebrauchs-wert des NV	Wirt-schafts-(Weiser-)prozent	Gegenwärtiger Wert des NV, dessen Menutzung in $\frac{u}{2}$ Jahren erfolgt, mit 3 pCt. auf die Gegenwart bistontiert. Gebrauchswert derselben	Wirt-schafts- resp. Weiser-prozent
			pro Hektar				
				Umtriebszeit u der größten Waldrente = 120 Jahre			
1. Erwerbungskosten B = 0 . .	120	92,0	0	1538,3	2,02	4538,3 × 0,46 = 2087,6	4,42
2. Bo bei u der größten Waldrente .	120	92,0	304	4538,3	1,90	4538,3 × 0,46 = 2087,6	3,94
3. Bo bei u der größten Bodenrente .	120	92,0	1598	4538,3	1,50	4538,3 × 0,46 = 2087,6	2,50
				Umtriebszeit u der größten Bodenrente = 10 Jahre			
4. Erwerbungskosten B = 0 . .	10	58,3	—	318,6	18,30	318,6 × 0,916 = 291,8	29,00
5. Bo bei u der größten Bodenrente .	10	58,3	1598	318,6	3,04	318,6 × 0,916 = 291,8	3,09
				Umtriebszeit u = 140 Jahre			
6. Erwerbungskosten B = 0 . .	140	91,9	—	5451,0	1,67	5451,0 × 0,416 = 2267,6	4,05
7. Bo bei u der größten Waldrente .	140	91,9	304	5451,0	1,60	5451,0 × 0,416 = 2267,6	3,57
8. Bo bei u der größten Bodenrente .	140	91,9	1598	5451,0	1,30	5451,0 × 0,416 = 2267,6	2,39
9. Bo bei u = 140 Jahre . .	140	91,9	197	5451,0	1,63	5451,0 × 0,416 = 2267,6	3,73

C. Weiserprozente des nachhaltigen Betriebes. § 16.

Normalvorräte für verschiedene Umtriebszeiten berechnet. Die in Spalte f eingetragenen Wirtschafts- oder Weiserprozente betragen, je nachdem man den einen oder anderen der genannten Bodenwerte in Ansatz bringt, für die Umtriebszeiten der größten Waldrenten:

bei der Judeich'schen
   Tafel 3,23—3,68 pCt.,
bei der Pöpel'schen
   Tafel 2,55—3,06 „
bei d. Schwappach'schen
   Tafel 1,50—2,02 „

Nach der von mir in Baurs Centralblatt vom August 1888, S. 441 gegebenen Tabelle B, welche ich nebenstehend hier folgen lasse, betragen diese Prozente für die von G. Heyer in seiner Waldwertrechnung veröffentlichten Ertragstafeln

für d. Buche 2,22—2,40 pCt.,
„ „ Fichte 2,35—2,90 „
„ „ Kiefer 2,73—3,40 „

Es geht aus diesen 6 Ertragstafeln zur Genüge hervor, daß es für Berechnung des Wirtschafts- oder Weiserprozents des nachhaltigen Betriebes keine sehr wesentlichen Unterschiede macht, welchen der drei genannten Bodenwerte man annimmt. Diese Unterschiede erscheinen fast als verschwindend, wenn man in Erwägung zieht, daß die ganze Rechnung auf den in den Ertragstafeln angegebenen Holzwerten der Altersstufen von 10 zu 10 Jahren beruht, welche nicht anders, als durch Interpolation aus den Holzwerten der verschiedensten, oft weit von einander befindlichen Bestände ermittelt werden können, deren Fehlergrenzen mithin einen sehr weiten Spielraum selbstverständlich haben müssen. Nimmt man doch an, daß das Ergebnis der Auskluppierung eines Bestandes als gut zu bezeichnen sei, wenn das Fällungsergebnis nicht mehr als zehn Prozent davon abweicht.

Die auf solch unsicheren Grundlagen mit vielem mathematischen Scharfsinn aufgebauten Rechnungen sind meiner Ansicht nach ebenso zwecklos, als wenn der gewöhnliche Zimmermann die Maße seiner Balken mit der Genauigkeit abmessen wollte, die bei der Konstruktion mathematischer Instrumente nötig ist. Der ungefügige Wald läßt eben Formel — Formel sein, wie mancher junge Mann, der von der Hochschule selbst als Enthusiast der sogenannten Finanzwirtschaft als Wirtschafter in den Wald eingetreten ist, sehr bald erfahren und zur Überzeugung kommen wird, daß mit dem ganzen Formelwesen im Walde nichts anzufangen ist. Daß die Weiserprozente des nachhaltigen Betriebes für die Umtriebszeiten der größten Bodenerwartungswerte größer sein müssen, als diejenigen für die Umtriebszeiten der größten Waldrenten, versteht sich ganz von selbst, weil die Weiserprozente der einzelnen Altersstufen mit zunehmendem Alter von einem gewissen Punkte an abnehmen, und das durchschnittliche Weiserprozent eines Komplexes von Beständen mithin um so größer sein muß, je weniger darin die ältesten Altersklassen mit ihren geringen Prozenten vertreten sind. Wer daher darauf ausgeht, aus den in seinem nachhaltigen Walde niedergelegten Kapitalien die größten Prozente zu beziehen, der erniedrige seine Umtriebszeit so weit, als es nur die Umstände irgend erlauben. Mit Erniedrigung der Umtriebszeit vermindert sich aber auch die Größe des Kapitales — Normalvorrates — so daß trotz des höheren Zinsfußes die jährliche Einnahme vermindert wird.

Wer dagegen das möglich größte jährliche Einkommen aus seinem Walde nachhaltig beziehen will, der wähle die Umtriebszeit der größten Waldrente, bei welcher, wie ich in diesem Paragraph nachgewiesen habe, die möglichst hoch veranschlagten Waldkapitalien — Holz- und Bodenwerte — immer noch solche Prozente abwerfen, welche man billigerweise nur verlangen kann.

§ 17.

Weiserprozente des nachhaltigen Betriebes unter Anwendung der mutmaßlich gegenwärtigen Geldwerte — Tauschwerte — der Holzbestände und verschiedener Bodenwerte.

Bei den Rechnungen des vorigen Paragraphen wurden die Normal= vorräte mit ihren Gebrauchswerten in Ansatz gebracht.

Die Annahme der Herren Bodenreinerträgler, daß die Wirtschaft mit Kapital durch die älteren Holzbestände mit geringem Weiserprozente über= lastet sei, wenn die einzelnen Bestände das angenommene Weiserprozent nicht mehr ergäben, und daß man den Ertrag der Waldungen durch Ver= kauf dieses Vorratsplus und verzinsliche Anlage des erhaltenen Geldes steigern könne, ist in ihrer allgemeinen Fassung irrtümlich,

einesteils, weil die erhöhte Einnahme dann nicht mehr ausschließlich aus dem im höchsten Grade heruntergebrachten Ertrage des Waldes, sondern zugleich aus dem Ertrage eines nebenher laufenden Geldkapitals besteht, und

anderenteils, weil die Verwertung des Vorratsplus nur in sehr be= schränktem Maße, ohne durch das erhöhte Angebot die Preise zu drücken, möglich ist. Die Einnahme aus größeren Waldungen, z. B. den Staats= waldungen durch möglichst schnelle Veräußerung des Vorratsplus zu steigern, ist deshalb ein Ding der Unmöglichkeit. Man muß mithin, um das richtige Weiserprozent größerer im nachhaltigen Betriebe befindlichen Waldungen zu ermitteln, den ungefähren gegenwärtigen Tauschwert der Materialvorräte zu veranschlagen suchen.

Sehr schwierig, ja beinahe ganz unmöglich ist es jedoch, den Geldbetrag der Normalvorräte so großer Waldflächen, welcher für dieselben sofort bar erlöst werden könnte, genau zu ermitteln, weil im höchsten Grade ver= schiedene Resultate erlangt werden, je nachdem man zur Verwertung der Vorräte größere oder kleinere Zeiträume, höhere oder niedrigere Zins= füße unterstellt.

Je niedriger der Zinsfuß und je kürzer der Abnutzungszeitraum des Vorrates angenommen wird, um so größer wird dessen gegenwärtiger Wert, jedoch nur auf dem Papiere, denn je kürzer man diesen Zeitraum annimmt, um so größere den seitherigen Einschlag übersteigende Holzmassen müßten jährlich zum Markte gebracht werden und um so mehr würden dann auch die Holzpreise sinken, die ganze Berechnung mithin illusorisch werden.

Nehmen wir an, daß der Normalvorrat NV in n Jahren genutzt werden solle, so würde die Jahresquote $\dfrac{NV}{n}$ betragen.

Der Rentenanfangswert einer n Jahre lang eingehenden Rente ist jedoch

$$= r \times \frac{1{,}0p^n - 1}{1{,}0p^n \cdot 0{,}0p}$$

Setzen wir $r = \frac{NV}{n}$, so erhalten wir als Anfangswert der jährlichen Abnutzung den Betrag $= \frac{NV}{n} \cdot \frac{1{,}0p^n - 1}{1{,}0p^n \cdot 0{,}0p} = NV \cdot \frac{1{,}0p^n - 1}{1{,}0p^n \cdot 0{,}0p} : n$

Man braucht deshalb nur den in den betreffenden Tafeln*) aufgeführten Anfangswert oder jetzigen Kapitalwert einer jährlichen Rente = 1 mit dem angenommenen Abnutzungszeitraume zu dividieren, um den Faktor zu finden, mit welchem man den Normalvorrat zu multiplizieren hat, um dessen gegenwärtigen Kapitalwert bei Unterstellung einer njährigen Abnutzungsperiode mit p Prozent zu ermitteln.

Z. B. der Rentenanfangswert einer Rente = 1, welche 50 Jahre dauert, ist bei 3 pCt. = 25,730. Der NV, welcher in 50 Jahren genutzt werden soll, hat mithin einen gegenwärtigen Kapitalwert von $NV \cdot \frac{25{,}730}{50} = NV \cdot 0{,}515$.

Diese Reduktionsfaktoren, mit welchen die Normalvorräte multipliziert werden müssen, um deren gegenwärtige Kapitalwerte für verschiedene Nutzungszeiträume bei Unterstellung von 3 pCt. zu erhalten, habe ich nachstehend zusammengestellt.

Abnutzungszeitraum		Reduktionsfaktor bei 3 pCt.
10	Jahre	0,853
20	„	0,743
30	„	0,653
35	„	0,613
40	„	0,578
45	„	0,545
50	„	0,515
60	„	0,460
70	„	0,416
80	„	0,378
90	„	0,344
100	„	0,316—
110	„	0,291
120	„	0,270
130	„	0,251
140	„	0,234

---

*) Baur, Waldwertrechnung S. 408.

C. Weiserprozente des nachhaltigen Betriebes. § 17.   59

Die Abnutzungszeiträume der Normalvorräte müssen den örtlichen Verhältnissen entsprechend nie so kurz bemessen werden, daß durch die erhöhten Holzfällungen die Preise gedrückt werden. Es können deshalb sehr leicht bei kleineren Flächen Fälle vorliegen, in welchen die Abnutzung alles verwertbaren Holzes sofort geschehen kann, ohne daß die Holzpreise dadurch gedrückt werden. Für je größere Flächen man jedoch die Berechnung vornimmt, um so größere Zeiträume muß man zu Grunde legen. Bei dem regelmäßigen Gange der Wirtschaft wird bekanntlich der Normalvorrat annähernd in der halben Umtriebszeit aufgezehrt, und es ist deshalb vollständig rationell, dessen gegenwärtigen Kapitalwert, namentlich für die Fläche der gesamten Staatswaldungen, deren Fortbestand als Waldungen durch das öffentliche Interesse geboten ist, nach den Reduktionsfaktoren für $\frac{u}{2}$ zu berechnen.

Unter Zugrundlage dieser auf die Gegenwart mit 3 pCt. reduzierten Kapitalwerte der Normalvorräte in den Spalten g habe ich die Wirtschafts- bezw. Weiserprozente, welche in den Spalten h der Tabellen J, K und L eingetragen sind, berechnet.

3. B. in der Schwappach schen Ertragstafel, Tabelle L, betragen:
das Maximum des Bodenerwartungswertes in dem
Alter von 10 Jahren . . . . 1598,0 ℳ
der reduzierte Normalvorrat für die Umtriebszeit der
größten Waldrente (u = 120) . . . . . 2087,6 „
                                      Summe   3685,6 ℳ
der jährliche Reinertrag pro Hektar (u = 120) beträgt   92,0 „

$$\text{daher Weiserprozent} = \frac{92{,}0 \times 100}{3685{,}6} = 2{,}50\,\text{„}$$

Für die Umtriebszeit von 140 Jahren beträgt dieses Prozent immer noch 2,38 pCt. mithin so viel, als man billigerweise nur verlangen kann. Es geht hieraus hervor, wie vollständig gerechtfertigt, auch vom finanziellen Standpunkte aus, die früher mitgeteilte Ansicht Schwappachs ist, daß man die Bonität 1 der Kiefern in der norddeutschen Tiefebene in einer Umtriebszeit von 140 Jahren bewirtschaften solle.

Nehmen wir an, daß in diesen Waldungen das Holz erst vom 30. Jahre an verwertbar sei, und daß man deshalb den für dieses Alter berechneten Bodenerwartungswert zu Grunde legen müsse, so hat man:
Be für (u = 30) . . . . 1263,0 ℳ
Reduzierter NV für (u = 120) . . 2087,6 „
                                Summe = 3350,6 ℳ

$$\text{daher Weiserprozent} = \frac{92 \times 100}{3350{,}6} = 2{,}75\,\text{„}$$

Zweites Kapitel. Das forstliche Weiserprozent.

Die mit den verschiedenen Bodenwerten und den auf die Gegenwart reduzierten Werten der Normalvorräte ermittelten Weiserprozente der 3 Tabellen betragen bei Einhaltung der Umtriebszeiten der größten Waldrenten

für die Ertragstafel von Judeich . . 5,62—7,15 pCt.
„ „ „ „ Pöpel . . . 4,29—5,94 „
„ „ „ „ Schwappach 2,50—4,42 „

Für die von Gustav Heyer veröffentlichten Ertragstafeln betragen die mit den 3 verschiedenen Bodenwerten und mit den auf die Gegenwart reduzierten Werten der Normalvorräte berechneten Weiserprozente bei der Umtriebszeit der größten Waldrenten

für die Buche . . . . . 4,47—5,19 pCt.
„ „ Fichte . . . 3,85—5,77 „
„ „ Kiefer . . . . 4,28—6,30 „

Man vergleiche die Tabelle C in Baurs Centralblatt vom August 1888, S. 444, welche ich nachstehend wiedergebe.

(Siehe die Tabelle C auf S. 61.)

Meiner Ansicht nach sollte man bei Berechnung der Rentabilität unserer von den Vorjahren ererbten Staats- und Gemeindewaldungen den Bodenwert immer nach seinen Erwerbungskosten, mithin mit Null in Ansatz bringen. Wir erhalten dann bei unseren 3 Tafeln I, II und III die schönen Weiserprozente von 7,15, 5,94 und 4,42 für die Umtriebszeiten der größten Waldrenten.

Für B = Null betragen diese Prozente bei den Heyerschen Tafeln
bei der Buche = 5,19,
„ „ Fichte = 5,77,
„ „ Kiefer = 6,33.

Mag man nach dem Vorgange G. Heyers die Bewirtschaftung der Waldungen in den Umtriebszeiten der größten Waldrenten immerhin eine Almosenwirtschaft nennen im Vergleiche zu der Wirtschaft mit der Umtriebszeit der größten Bodenrente, so werden sich die Forstverwaltungen der deutschen Staaten doch wohl dreimal besinnen, ehe sie diese Almosenwirtschaft aufgeben, welche ihnen, wie ich im § 14, S. 44 nachgewiesen habe, jährlich ein Plus von über 46 Millionen Mark an Reinertrag gegenüber der sogenannten Finanzwirtschaft in die Kassen liefert, während der angebliche Mehrertrag der letzteren nur in algebraischen Rechnungsausdrücken auf dem Papiere besteht, deren Umsetzung in bares Geld man vergeblich versuchen würde.

Daß die in dem Nachhaltswalde der größten Waldrente niedergelegten Kapitalien — Holz- und Bodenwerte — reichlich so große Zinsen (2—3 %) abwerfen, als die Bodenreinerträger ihren Rechnungen zu

C. Weiserprozente des nachhaltigen Betriebes. § 17.

Tabelle C. Wirtschaftsprozente unter Zugrundelegung der gegenwärtigen Kapitalwerte der Normalvorräte, wenn deren Abnutzung in $\frac{u}{2}$ Jahren erfolgt, berechnet durch Diskontierung der Gebrauchswerte mit 3 pCt. auf die Gegenwart, unter Annahme verschiedener Bodenwerte, für die Umtriebszeiten der größten Waldrenten und der größten Bodenrenten.

Bezeichnung der den Rechnungen zu Grunde gelegten Bodenwerte B	Buche				u der größten Waldrenten				Kiefer			
	Wr	B	NV	Prozente	u	Wr	B	NV	Prozente	u	Wr	B	NV	Prozente
	Jahre	ℳ pro Hektar				Jahre	ℳ pro Hektar				Jahre	ℳ pro Hektar		
1. Erwartungskosten B = o	120	27,3	—	525,3	5,19	100	112,9	—	1972,4	5,77	90	47,8	—	754,3	6,33
2. Be bei u der größten Waldrente	120	27,3	16,6	525,3	5,04	100	112,9	631,5	1972,4	4,38	90	47,8	267,9	754,3	4,68
3. Be bei u der größten Bodenrente	120	27,3	85,4	525,3	4,47	100	112,9	986,6	1972,4	3,85	90	47,8	362,6	754,3	4,28
					u der größten Bodenrenten								
4. Erwartungskosten B = o	70	17,0	—	237,2	7,16	60	85,2	—	833,9	10,22	70	42,2	—	481,2	8,77
5. Be bei u der größten Bodenrente	70	17,0	85,4	237,2	5,26	60	85,2	986,6	833,9	4,68	70	42,2	362,6	481,2	5,00

Grunde legen müssen, wenn sie nicht zu Umtriebszeiten gelangen wollen, bei welchen die Hochwaldwirtschaft aufhören muß, glaube ich vollständig nachgewiesen zu haben.

Die Praktiker, welche nicht gleich den reinen Theoretikern den Wald nur durch die Brille ihrer algebraischen Formeln betrachtet haben, sehen auch sehr gut ein, daß nach den bis jetzt vorliegenden Erfahrungen die Umtriebszeiten der größten Bodenrenten viel zu niedrig sind, um eine zweckmäßige Hochwaldwirtschaft mit denselben betreiben zu können.

Namentlich ist Kraft auch dieser Ansicht. Derselbe findet jedoch den Grund dieser niedrigen Umtriebszeiten nicht in dem Prinzipe der Bodenreinertragslehre, sondern in der Vernachlässigung der Durchforstungen, worauf ich schon im Novemberhefte des Centralblattes von 1887, S. 547 hingewiesen habe.

In seinen Beiträgen zur forstlichen Statik sagt derselbe über diesen Punkt:

„Die Regelung der Wirtschaft nach dem Maximum des Bodenerwartungswertes ist auf manchen Seiten so wenig beliebt, weil die Berechnung dieses Wertes bei der üblichen, nun einmal als unantastbar geltenden Wirtschaftsweise, bei dem vorwaltenden lahmen Durchforstungsbetriebe, bei Vernachlässigung der Lichtungshiebe zu allzubescheidenen Ergebnissen und zu einer auf niedrige Umtriebe hinweisenden, frühzeitigen Kulmination führt."

Im Gegensatze hierzu sagt Judeich, Forsteinrichtung, 4. Aufl., S. 74:

„Die Vermehrung der Vornutzungen wird in der Regel, jeder zeitigere Eingang derselben stets das finanzielle Haubarkeitsalter etwas **herabdrücken.**"

Auf S. 75 giebt derselbe auch den mathematischen Beweis dieser Behauptung und stellt als deren Ergebnis den Satz auf:

„**Jede Vornutzung zieht daher den Umtrieb nach jenem Alter hin, in welchem sie erfolgt, je niedriger der Umtrieb, desto öfter kehrt sie wieder.**"

Man muß dem Herrn Judeich vollkommen recht geben, und die ziemlich allgemein verbreitete Ansicht, daß durch Einführung des Lichtungsbetriebes in Verbindung mit möglichst frühzeitigen Durchforstungen die Umtriebszeiten der größten Bodenwerte gerechtfertigt werden würden, als eine irrige bezeichnen, ganz abgesehen davon, daß diese Betriebsweise zur Erziehung von starkem, langschaftigem und möglichst astreinem Nutzholze untauglich ist.

§ 18.
Schlußbemerkung.

Zum Schlusse sehe ich mich veranlaßt, noch auf eine Äußerung Judeichs — Seite 62 dessen Forstabschätzung — einiges zu bemerken. Derselbe sagt:

„Diese Theorie (der größten Waldrente) muß fast immer auf zu hohe Umtriebe führen. Da sie von Haus aus nur auf dem Rechnungsfehler beruht, Erträge und Kosten, welche zu verschiedenen Zeiten fällig sind, einfach zu summieren, dadurch den Zins des bedeutenden Vorratskapitals unbeachtet läßt, hat sie weder eine wissenschaftliche noch praktische Berechtigung."

Judeich hat hierbei offenbar eine im aussetzenden Betriebe befindliche Parzelle im Auge. Wollte man sagen: der Jahresertrag dieser Parzelle wird dadurch gefunden, daß man die Einnahmen und Ausgaben, welche von der Begründung des Bestandes an bis zum Abtriebe erfolgen, algebraisch summiert, und mit der Umtriebszeit dividiert, so würde dieses geradezu ein mathematischer Unsinn sein, welcher von Preßler an bis daher den Waldreinerträglern immerwährend ganz allgemein vorgeworfen wird.

Daß in dem nachhaltigen Normalwalde jedoch die einfache algebraische Summe der Einnahmen und Ausgaben, welche ein Jahresschlag von seiner Begründung an bis zu seinem Abtriebe liefert, gleich der jährlichen Rente des ganzen Waldes ist, und daß diese Rente bei der Umtriebszeit ihr Maximum erreicht, bei welcher der einfache Durchschnitt — Gesamteinnahme weniger Gesamtausgabe pro Flächeneinheit während der Umtriebszeit, dividiert durch letztere — am größten ist, sowie ferner, daß die Jahresrente des ganzen Waldes gleich ist der Summe der mit Zinseszinsen berechneten Jahresrenten der einzelnen Jahresschläge, bei deren Berechnung die verschiedenen Eingangszeiten ganz nach den Regeln der Bodenreinerträgler Berücksichtigung gefunden haben, sind unumstößliche, dem Herrn Jud eich sehr wohl bekannte mathematische Wahrheiten.

Durch dieselben wird der Beweis geführt, daß die Ermittelung des einfachen Durchschnittsertrages bei dem Normalwalde gerade so gut auf der Zinseszinsrechnung beruht, wie die Rechnungen der Herren Bodenreinerträgler, und daß dieselbe mithin vollkommen eine wissenschaftliche Berechtigung besitzt.

Der von G. L. Hartig in seiner Schrift — Die Forstwirtschaft nach ihrem ganzen Umfange in gedrängter Kürze. Reutlingen 1832 — aufgestellte Grundsatz, die Umtriebszeit zu wählen, welche in Rücksicht auf die meiste und beste Holzmasse die vorteilhafteste ist, d. h. mit anderen Worten, bei welcher der Durchschnittsertrag seinen höchsten Stand erreicht, welcher Grundsatz von Preßler und anderen in kaum wiederzugebender Weise herabgewürdigt worden ist, wird hierdurch vollständig wissenschaftlich begründet. Es gereicht mir zur besonderen Genugthuung, dieses zuerst nachgewiesen zu haben.

Nach diesem Hartigschen Prinzipe werden die königl. preußischen Forste auch noch bis auf den heutigen Tag bewirtschaftet. Man lese nur, was die königl. Oberlandforstmeister v. Hagen, Ulrici und Donner darüber geschrieben haben.

Auch die praktische Berechtigung wird man der Umtriebszeit der größten Waldrente nicht abzusprechen vermögen, wenn ich darauf aufmerksam mache:

1. daß eine bestimmte Waldfläche in dem Nachhaltsbetriebe, von welchem im großen nur die Rede sein kann, nur bei der Umtriebszeit der

größten Waldrente alljährlich den größten Überschuß der Einnahmen über die Ausgaben in die Kasse des Waldeigentümers liefert.

2. daß nur bei dieser Umtriebszeit die Produktionskraft des Bodens vollständig ausgenutzt werden kann, und

3. daß dennoch die in dem Walde niedergelegten Kapitalien — Holz- und Bodenwert — sich so hoch verzinsen, als man billigerweise nur verlangen kann.

Daß diese Punkte voll und ganz eine praktische Berechtigung begründen, wird man doch wohl nicht in Abrede stellen können.

Wenn ich auch nicht der Ansicht des Herrn Professor Baur beipflichten kann, daß der 30jährige Krieg zwischen Boden- und Waldreinerträglern als beendet anzusehen sei, so bin ich doch der festen Überzeugung, daß über kurz oder lang durch die exakten Forschungen unserer Versuchsanstalten in Verbindung mit genauen statistischen Ermittelungen über Kosten und Geldeinnahmen, der Anwendung der Bodenreinertragstheorie auf die Regelung der Wirtschaft in unseren größeren nachhaltigen Waldungen gerade so gut zu Grabe geläutet werden wird, wie es den Theorieen der Naturphilosophen seligen Andenkens durch die exakten Forschungen der Neuzeit geschehen ist.

Als Beweis für die Richtigkeit dieser Ansicht glaube ich die verdienstvolle Arbeit Schwappachs über die Erträge der Kiefern in der norddeutschen Tiefebene anführen zu können.